Marion Eggert
Gotelind Müller-Saini
Reinhard Zöllner

Ostasien in Geschichte und Gegenwart

Eine Einführung für den Unterricht

Marion Eggert, Gotelind Müller-Saini,
Reinhard Zöllner

Ostasien in Geschichte und Gegenwart

Eine Einführung für den Unterricht

Hrsg. vom Georg-Eckert-Institut –
Leibniz-Institut für internationale Schulbuchforschung unter Leitung von Eckhardt Fuchs

Bibliografische Information der Deutschen Nationalbibliothek

Die Deutsche Nationalbibliothek verzeichnet diese Publikation in der Deutschen Nationalbibliografie; detaillierte bibliografische Daten sind im Internet über http://dnb.d-nb.de abrufbar.

Fachliche Beratung:
Dr. Hu Kai, Shanghai International Studies University, China
Prof. Dr. Kawakita Atsuko, Chuo University, Tokyo, Japan
Dr. Kim Minkyu, Northeast Asian History Foundation, Seoul, Korea
Prof. em. Dr. Kimijima Kazuhiko, Tokyo Gakugei University, Japan
Dr. Han Unsuk, Universität Tübingen
Prof. Dr. Yang Biao, East China Normal University, Shanghai, China

Finanziert von der Northeast Asia History Foundation und dem Georg-Eckert-Institut – Leibniz-Institut für internationale Schulbuchforschung

© WOCHENSCHAU Verlag
Dr. Kurt Debus GmbH
Schwalbach/Ts. 2014

www.wochenschau-verlag.de

Alle Rechte vorbehalten. Kein Teil dieses Buches darf in irgendeiner Form (Druck, Fotokopie oder einem anderen Verfahren) ohne schriftliche Genehmigung des Verlages reproduziert oder unter Verwendung elektronischer Systeme verarbeitet werden.

Titelgestaltung: Ohl Design
Gesamtherstellung; Wochenschau Verlag
Titelbild: Georg-Eckert-Institut – Leibnitz-Institut für internationale Schulbuchforschung

Gedruckt auf chlorfreiem Papier
ISBN 978-3-89974988-5

Inhalt

Vorwort *(Eckhardt Fuchs)* 7

Einleitung *(Marion Eggert/Gotelind Müller-Saini/
Reinhard Zöllner)* 9

1. Asien und Europa *(Marion Eggert)* 13

2. Ostasiatische Weltordnung *(Gotelind Müller-Saini)* ... 24

3. Herrschaft *(Reinhard Zöllner)* 34

4. Revolution und Reform *(Gotelind Müller-Saini)* 44

5. Kolonialismus *(Reinhard Zöllner)* 54

6. Ostasien in der Weltwirtschaft *(Reinhard Zöllner)* 64

7. Entdeckungen und Reisen *(Marion Eggert)* 75

8. Migration *(Marion Eggert)* 86

9. Stadt und Land *(Gotelind Müller-Saini)* 97

10. Sozialisation *(Reinhard Zöllner)* 108

11. Konfuzianismus *(Marion Eggert)* 120

12. Buddhismus in Ostasien *(Gotelind Müller-Saini)* 132

13. Schrift und Sprache *(Gotelind Müller-Saini)* 142

14. Ostasiatische Kultur *(Reinhard Zöllner)* 152

Unterrichtsvorschlag: „Sprache und Schrift in Ostasien"
(Hans Woidt und Harald Schneider) 164

Glossar 171

Index 185

Autorenverzeichnis 190

Vorwort

Das hier vorliegende Lehrmaterial „Ostasien in Geschichte und Gegenwart. Eine Einführung für den Unterricht" geht auf eine gemeinsame Initiative des Georg-Eckert-Instituts – Leibniz-Institut für internationale Schulbuchforschung in Braunschweig und der Northeast Asian History Foundation in Seoul aus dem Jahre 2008 zurück. Dem lag die Tatsache zugrunde, dass Ostasien in deutschen Geschichtslehrplänen und -schulbüchern bislang nur sehr geringe Beachtung geschenkt wurde. Dies hat sich bis heute nur wenig geändert und steht in einem auffälligen Gegensatz zu der zunehmenden politischen, wirtschaftlichen, aber auch kulturellen Bedeutung, die dieser Region zukommt. Das Ziel dieses Lehrmaterials besteht daher darin, Lehrkräften ein Hilfsmittel an die Hand zu geben, das es ihnen erlaubt, anhand bestimmter Themen die Geschichte Ostasiens in den Unterricht einzubeziehen – sei es als eigene Unterrichtseinheiten oder als Ergänzung zu anderen thematisch verwandten Inhalten. Es ist insofern innovativ, als dass es sich nicht auf einzelne Nationalgeschichten beschränkt, sondern versucht, die Interdependenzen in der historischen Entwicklung einer gesamten Region in den Blick zu nehmen.

Die Erstellung dieses Lehrmaterials ist vom Georg-Eckert-Institut – Leibniz-Institut für internationale Schulbuchforschung (GEI) unter Leitung von Eckhardt Fuchs erfolgt. Den entscheidenden Beitrag allerdings haben die drei AutorInnen Marion Eggert, Gotelind Müller-Saini und Reinhard Zöllner geleistet, deren Expertisen für koreanische, chinesische und japanische Geschichte den 14 Modulen zugrunde liegen. Die didaktische Beratung erfolgte durch Hans Woidt, dessen Feedback von unschätzbarem Nutzen war. Das Lehrmaterial ist zugleich das Ergebnis einer internationalen Zusammenarbeit, wurden doch alle inhaltlichen Fragen mit Partnern aus den drei ostasiatischen Ländern diskutiert. Zu diesem Expertengremium gehörten Han Unsuk und Kim Minkyu aus Korea, Kimijima Kazuhiko und Kawakita Atsuko aus Japan sowie Yang Biao und Hu Kai aus China. Ein besonderer Dank geht an Insa Loewe für ihre unermüdliche Hilfe bei der Fertigstellung des Gesamtmanuskripts.

Wir hoffen, dass dieses Lehrmaterial nicht nur das Interesse bei Lehrern und Schülern an der Geschichte Ostasiens weckt, sondern zugleich ein Grundwissen bereitstellt, das es ihnen ermöglicht, diese faszinierende Region in den Geschichtsunterricht zu integrieren.

Einleitung

Mit der rasant fortschreitenden Globalisierung hat Ostasien in den letzten Jahrzehnten auch für Deutschland und Europa erheblich an Bedeutung gewonnen. Angesichts dieser Entwicklung ist es kaum noch zu rechtfertigen, dass die Geschichte dieser Weltregion im Geschichtsunterricht in Deutschland nur eine untergeordnete Rolle spielt. In den Bildungsplänen wird die Bedeutung Japans und Chinas zwar erwähnt, in der Praxis des Geschichtsunterrichts stehen diese Themen aber bestenfalls am Rande. Die meisten Geschichtslehrer werden in ihrer Ausbildungszeit in Universität und Schule kaum auf das Thema Ostasien vorbereitet. Wollen sie Ostasien im Unterricht angemessen berücksichtigen, können sie nicht auf ihren gängigen Wissenskanon zurückgreifen. Die Zwänge des schulischen Alltags und ihre vielfältigen Belastungen wiederum machen es den Lehrern schwer, sich intensiv mit einem Thema zu beschäftigen, das bisher kaum im Geschichtsunterricht vorgekommen ist.

In dieser Situation will der vorliegende Band eine konkrete Hilfe für den Unterricht zum Thema Ostasien anbieten. Er wendet sich also an Lehrer – nicht an Schüler –, denen er zunächst einmal Anregungen für die Integration von ostasienbezogenen Thematiken in den Geschichtsunterricht (und darüber hinaus) geben soll. Mit Hilfe der hier angebotenen, von Ostasienwissenschaftlern gezielt für dieses Publikum verfassten Module sollen sich Lehrer leicht in die jeweilige Thematik einarbeiten können; die Hinweise für die unterrichtliche Aufarbeitung des Themas sollen die Schwelle zur tatsächlichen praktischen Umsetzung senken.

Was verstehen wir in diesem Band unter „Ostasien"? Der Begriff wird ja nicht eindeutig gebraucht; je nach Kontext und Sprecherabsichten umfasst er eine größere oder kleinere Region. Zu den Kernländern, die in jedem Fall gemeint sind, gehören

China (mit Hongkong und Macau) und Taiwan, Korea (Nord und Süd) sowie Japan. Ob Tibet und die Mongolei, die häufig zu Zentralasien gerechnet werden, der russische Ferne Osten und Vietnam dazuzuzählen sind, hängt von dem jeweiligen geschichtlichen Gegenstand und der historischen Epoche ab. Besonders Vietnam stellt eine Herausforderung dar, da es klimatisch/geographisch zu Südostasien gehört, aber ebenso wie Japan und Korea kulturell stark von China beeinflusst wurde. Definiert man Ostasien kulturell als die Region, die mehr oder minder durch den Gebrauch chinesischer Schriftzeichen, den Konfuzianismus und den Mahāyāna-Buddhismus geprägt wurden und in denen mit Essstäbchen gegessen wird, gehört Vietnam dazu; dennoch war seine Geschichte weniger mit den „Kernländern" Ostasiens – also China, Korea und Japan – verflochten als die Geschichte dieser drei Länder untereinander. Entsprechend pragmatisch gehen wir in diesem Band beim Abstecken unseres Gegenstands vor: In allen Modulen stehen die „Kernländer" im Zentrum, je nach deren Bedeutung für die jeweilige Thematik werden Tibet, die Mongolei und Vietnam ebenfalls in Betracht gezogen oder nicht. In jedem Fall haben wir beim Verfassen der Module versucht, die jeweilige Thematik für die Region insgesamt darzustellen, nicht rein additiv für jedes Land für sich. Da die Ostasienwissenschaften immer noch nach Ländern bzw. Sprachen akademisch aufgeteilt werden (d. h. Professuren für Sinologie, Japanologie und Koreanistik vergeben werden, kaum für Geschichte Ostasiens, Literatur Ostasiens etc.), stellte dies für die Autoren dieses Bandes durchaus eine Herausforderung dar, auch wenn sie in mehreren Fachgebieten ausgebildet sind. Wir hoffen, das Bemühen um einen transnationalen, regionalen Zugang zahlt sich durch gesteigerte Einsetzbarkeit des Bandes für den Unterricht aus.

Die Auswahl der Themen der hier angebotenen 14 Module erfolgte in Absprache mit einer deutsch-ostasiatischen Expertenrunde. Leitendes Kriterium war dabei, welche Themen sich für eine Integration in den deutschen (Geschichts-)Unterricht besonders eignen; daher spielen in unserer Auswahl zum einen konkrete Berührungspunkte der europäischen und ostasiatischen Geschichte (etwa Asien und Europa, Reisen und Entdeckungen, Kolonialismus), zum anderen global bedeutsame, sich für ein komparatives Erarbeiten anbietende Themen (etwa Herrschaft, Migration, Stadt und Land) eine besondere Rolle. Zudem wollten wir natürlich auch Themen anbieten, die die allgemeine Vorstellung von Ostasien prägen, wie die chinesische Schrift („Schrift und Sprache") oder der Konfuzianismus.

Die Module sind grob nach dem Muster Politik – Wirtschaft/Gesellschaft – Kultur angeordnet. Zu Beginn eines jeden Moduls finden sich unter „Modulziele" Hinweise darauf, welche Bildungsziele anhand der jeweiligen Thematik verfolgt werden können; dies dient zugleich als erste Orientierung für den Lehrer. Der Haupttext des Moduls transportiert die Wissensinhalte, die von den Autoren als möglicherweise unterrichtsrelevant für die jeweilige Thematik erachtet wurden. Er versteht sich als Informationsangebot für den Lehrer, aus dem nach eigenem Ermessen ausgewählt werden kann. Teilweise werden Informationen angeboten – etwa Personennamen –, ohne dass damit die Erwartung verbunden wäre, dass sie tatsächlich Eingang in den Unterricht finden; sie dürften jedoch für Lehrer mit Vorkenntnissen hilfreich sein sowie bei einem vertieften Informationsbedürfnis das Weiterlesen, etwa unter Zuhilfenahme der gängigen Recherchemedien und des Internets, erleichtern. Zum Ende des Moduls folgen Problem- und Sachfragen, die als Hilfestellung für die Umsetzung des Themas im Unterricht gedacht sind. Literaturhinweise laden schließlich zu einer weiteren Beschäftigung mit dem Thema ein; wir haben uns dabei bewusst auf wenige und ausschließlich deutschsprachige Titel beschränkt. Ein Index der Orts- und Personennamen sowie ein Glossar, das die wichtigsten ostasienbezogenen Fachbegriffe erläutert, sollen die Nutzerfreundlichkeit des Bandes erhöhen.

Ein Problem stellt dabei die Transkription ostasiatischer Namen und Begriffe dar. Für alle ostasiatischen Sprachen gibt es verschiedene Transkriptionssysteme; außerdem wurden und werden gerade Eigennamen oft in Unkenntnis dieser Systeme ad libitum transkribiert (das gilt besonders für das Koreanische). Wir verwenden in diesem Band – den heutigen internationalen akademischen Gepflogenheiten folgend – als Umschriften: Pinyin für das Chinesische, McCune-Reischauer für das Koreanische, revidiertes Hepburn für das Japanische. Um die Wiederauffindbarkeit bzw. Identifizierung von ostasiatischen Namen und Begriffen zu gewährleisten, finden sich im Index hinter den so geschriebenen Namen/Begriffen in Klammern die Umschrift im jeweils wichtigsten „rivalisierenden" System: Wade-Giles für das Chinesische, „Revised Romanization" des südkoreanischen Kultusministeriums für das Koreanische.

Als Einführung in die Geschichte Ostasiens hat dieser Band natürlich seine Begrenzungen. Nur eine sehr begrenzte Themenauswahl konnte berücksichtigt werden, und auch bei der Darstellung der einzelnen Modulthemen musste stark selektiv vorgegangen werden, um das entsprechende Wissen komprimiert und doch anschaulich darzubieten. Das hier Vorgelegte ist das Ergebnis des Versuchs, wissenschaftlich auf der Höhe der Zeit zu bleiben, den Stoff aber zugleich so auf das Wesentliche zu reduzieren, dass er für ein nichtwissenschaftliches Publikum lesbar und verwendbar bleibt. Allen Lesern, die gerne mehr zu Ostasien wissen und das hier Gebotene kontextualisieren wollen, seien die unten genannten, im Buchhandel erhältlichen Werke zur weiterführenden Lektüre empfohlen.

Literaturhinweise

Ebrey, Patricia Buckley: China. Eine illustrierte Geschichte. Aus dem Engl. von Udo Rennert. Frankfurt/M. (u.a.): Campus-Verlag, 1996.
Eggert, Marion/Plassen, Jörg: Eine kleine Geschichte Koreas. München: Beck Verlag, 2005.
Zöllner, Reinhard: Einführung in die Geschichte Ostasiens. 3. Aufl., München: Iudicium, 2009.

1. Asien und Europa

Modulziele

Den Schülern soll deutlich werden, dass Europas Geschichte seit dem Altertum mit der Asiens verflochten war (im Sinne der „entangled history"), die technologische und wirtschaftliche Vormachtstellung Europas seit dem 18. Jahrhundert eher eine Ausnahme in der longue durée darstellte und ebenfalls nicht ohne den ostasiatischen Input denkbar gewesen wäre, und dass Phasen des intensivierten Austauschs an beiden Enden des eurasischen Kontinents zu beschleunigter Entwicklung zu führen pflegten. Wegen der Komplexität des Themas kann kein Gesamtbild gegeben werden, stattdessen werden nur einige besonders wichtige Phasen bzw. Aspekte herausgegriffen.

Antike Handelsbeziehungen: Seide aus Seres, Glas aus Da Qin

Krieg und Handel sorgten seit der Antike für die Zirkulation kultureller Güter auf dem eurasischen Kontinent. Schon das Vordringen Alexanders nach Zentralasien hatte solche kulturellen Strömungen in beide Richtungen zur Folge. Das Römische Reich und die chinesische Kaiserdynastie der Qin (221-209 v. Chr.) und Han (209 v. Chr.-220 n. Chr.) breiteten sich in imperialer Manier von Westen und Osten des eurasischen Kontinents jeweils in Richtung Zentralasien aus, ohne jedoch in direkten Kontakt zueinander zu kommen. Dennoch gab es Kunde von dem je anderen Reich: In Rom wusste man von den Seres, die die feinen Seiden herstellten, in die sich Frauen und dekadente Männer gerne kleideten und von denen manche beklagten, sie verdürben durch ihre Transparenz die Sitten Roms. Umgekehrt gelangten römische Glaswaren nach Ostasien, wo man die Herstellung dieses Stoffes ebenso wenig beherrschte wie in Europa die Seidenzucht. Indirekt erfuhr man also jeweils vom hohen zivilisatorischen Stand des anderen Imperiums. In China war das römische Reich unter dem Namen Da Qin bekannt, so viel wie „das Große Qin-Reich", wobei Qin eben die Bezeichnung der ersten chinesischen Kaiserdynastie war; in der Benennung drückt sich also ein gewisser Respekt aus. Einen ersten direkten diplomatischen Kontakt soll im Jahr 166 eine römische Gesandtschaft hergestellt haben, über die in den chinesischen Geschichtswerken berichtet wird; man geht allerdings heute davon aus, dass es sich bei diesen „Gesandten" eher um Kaufleute aus Syrien (damals römische Provinz) handelte, die eine vorübergehende Schwäche des Partherreichs (im heutigen Iran) ausnutzten, um den profitmindernden Zwischenhandel zu umgehen. Das blieb zwar eine Episode: Noch lange blieb der Kulturaustausch zwischen Ostasien und Europa auf Zwischenträger angewiesen. Dennoch gelangten auch immaterielle Kulturgüter auf diesen Wegen ans jeweils andere Ende des Kontinents. So gibt es Indizien für eine Rezeption griechischer Heilkunde bereits in der frühen Han-Zeit (2.-1. Jahrhundert v. Chr.).

Seidenstraßen zu Land und zu Meer

Die nach dem wichtigsten Handelsgut benannten „Seidenstraßen", also die transkontinentalen Routen des Fernhandels, die sowohl über Land als auch über Meer führten, blieben auch im Mittelalter die wesentlichen Kommunikationskanäle, wobei wie in der Spätantike zunächst die Perser, später die Araber als Zwischenhändler fungierten. Der Versuch, sie auszuschalten und in direkte Handelsbeziehungen einzutreten, führte, wie bekannt, später zur Entdeckung Amerikas.

Aber auch von Ostasien aus wurde der Fernhandel aktiv betrieben. Chinas maritime Handelsbeziehungen wurden ab ca. dem 8. Jahrhundert enorm ausgeweitet und reichten bis in den Persischen Golf und an die Küste Ostafrikas, und über südchinesische Küstenstädte gelangten Waren aus dem Vorderen Orient bis nach Korea und Japan.

Pax mongolica und die Westwanderung chinesischer Erfindungen

Zu direkten Kontakten kam es jedoch erst wieder unter der sogenannten „pax mongolica", als im 13. und 14. Jahrhundert die mongolische Herrschaft über weite Teile des eurasischen Kontinents für gesicherte Kommunikations- und Handelswege sorgte. Insbesondere die Landrouten der Seidenstraße profitierten von den stabilen politischen Verhältnissen, der deutlichen Abnahme von Tributzöllen und Raubüberfällen. Auf diesen Routen zogen im 13. Jahrhundert mehrere europäische Gesandtschaften bis zum Hof des mongolischen Großkhans in Karakorum (etwa in der Mitte der heutigen Mongolei), offiziell in der Absicht, die „Tataren" zum Christentum zu bekehren; die bekannteste darunter ist diejenige des Wilhelm von Rubruk, der über seine Reise (1253-1255) und den mehrmonatigen Aufenthalt in Karakorum einen detaillierten Bericht verfasste. Ob Marco Polo auf seinen ausgedehnten Handelsreisen in Asien (1271-1295) ebenfalls „nur" nach Karakorum gelangte – wo er zweifelsfrei viele Jahre lang blieb – und sein Wissen über China dort aus zweiter Hand empfing, oder ob er tatsächlich ins chinesische Kernland reiste, ist bis heute umstritten (vieles spricht dafür, dass er China selbst gesehen hat). Auf jeden Fall brachte er das bis dahin umfangreichste Wissen über China und Japan (Korea wurde unter dem Namen Kauli nur erwähnt) nach Europa. Seine Schilderungen und das Bild vom sagenhaften Reichtum Ostasiens, das sie vermittelten, gaben mit den Anstoß für die so schicksalsträchtige Suche nach einer Westroute nach China zwei Jahrhunderte später.

Die intensivierten direkten und indirekten Kontakte mit Ostasien in dieser Zeit brachten auch chinesische Erfindungen nach Europa, die für die Entwicklung der Moderne bedeutsam werden sollten: Das bereits in vorchristlicher Zeit in China erfundene *Papier* wurde zwar bereits im ausgehenden Mittelalter auch in Europa hergestellt, trat aber ebenfalls erst im 14. Jahrhundert seinen Siegeszug an. Möglicherweise hängt dies ursächlich zusammen mit der gleichzeitigen Ausbreitung der Vervielfältigungstechnik des Holzschnitts bzw. Blockdrucks, die seit dem 7. Jahrhundert in China belegt ist und im 13. Jahrhundert von Asien nach Europa gelangt war und die sicherlich die Voraussetzung für Gutenbergs Erfindung des *Buchdrucks* mit beweglichen Lettern war. Auch der Letterndruck war zwar in Ostasien bereits zuvor bekannt – als Erfinder gilt der Chinese Bi Sheng (990-1051), der mit Typen aus Keramik operierte, während das älteste mit Metalllettern hergestellte Druckerzeugnis aus Korea stammt und auf 1377 datiert ist –, jedoch machen die technischen Unterschiede im Druckverfahren es unwahrscheinlich, dass Gutenberg von diesen Entwicklungen in Ostasien Kenntnis hatte. Im frühen 14. Jahrhundert wurde auch das Schwarzpulver in Europa zum Schießpulver weiterentwickelt, das heißt zum Treibmittel für Schusswaffen. In China war es seit dem 2. Jahrhundert für verschiedene pyrotechnische Zwecke eingesetzt worden, und Kenntnis von seiner Zusammensetzung war über arabische Zwischenglieder nach Europa gelangt. Beim *Kompass* könnte es sich zwar um eine parallele Entwicklung anstelle einer Übernahme gehandelt haben, denn schon im antiken Griechenland war, genauso wie in China, die Süd-Nord-Orientierung von Magnetnadeln bekannt. Doch ist es unwahrscheinlich, dass die zeitliche Nähe von textuellen Belegen von seiner Verwendung für die Navigation in China (auf dem Land für das frühe 11. Jahrhundert, auf dem Meer für das frühe 12. Jahrhundert) und das Auftauchen navigationstauglicher Geräte in Europa im ausgehenden 12. Jahrhundert nicht in Zusammenhang standen. Technologietransfer bedeutete hier vermutlich v. a. eine Verfeinerung der Instrumente. Wesentlich an den Verflechtungen ost-westlicher Technologie- und Wissenschaftsgeschichte ist daher nicht die kulturelle Eignerschaft an einzelnen Erfindungen, sondern die Entwicklungsschübe, die sich aus Kontakt und Austausch ergaben.

Europäische Expansion und Mission, „westliches Wissen" und Aufklärung

Auch wenn die Annahme des Kolumbus, auf der Westroute direkt nach Ostasien vorstoßen zu können, irrig gewesen war, folgte auf die Entdeckung Amerikas bald eine engere Verflechtung der europäischen und ostasiatischen Wirtschaft: Das südamerikanische Silber, das auf direkten und indirekten Wegen nach China floss, kurbelte dort die Geldwirtschaft an und gilt damit als ein Auslöser des wirtschaftlichen Aufschwungs der Ming-Dynastie; dass es sich im frühen 17. Jahrhundert wieder verknappte, trug wesentlich zum Untergang der Dynastie 1644 bei. Aber auch der innerostasiatische Handel wurde durch die beginnende europäische Expansion bestärkt, denn Portugiesen fungierten ab der Mitte des 16. Jahrhundert bis zum Beginn der japanischen Abschließungspolitik 1614 als Zwischenhändler zwischen Japan und China (der direkte Handel zwischen diesen Ländern wurde von den Ming wegen der früheren japanischen Piratenüberfälle auf die Küsten verweigert). 1557 erwarben die Portugiesen Macau, eine Halbinsel mit vorgelagerten Inseln im Südosten des chinesischen Reiches, als Stützpunkt, von dem aus Handel mit Japan, China, den Philippinen und anderen Orten in Südostasien, Goa und Mexiko getrieben wurde.

Macau wurde auch der Ausgangspunkt für das – in erster Linie jesuitische – Missionsnetzwerk, das bald genauso weit gespannt war. Ihre ersten Erfolge in Ostasien hatten die Jesuiten in Japan, wo einige Lokalfürsten als Gegenleistung für Privilegien im einträglichen Handel mit den Portugiesen sich und das ihnen untertane Volk bekehren ließen. Das Verhältnis zwischen japanischer Politik und Mission blieb zwar wechselhaft, dennoch spricht man von einem „christlichen Jahrhundert" für die Zeit von 1547, der ersten Ankunft der Portugiesen in Japan, und

1639, als der Handel mit ihnen endgültig abgebrochen wurde, obgleich die christliche Religion schon 1587 und mit mehr Nachdruck 1617 verboten worden war. Trotz des blutigen Endes war dies der Beginn eines höchst fruchtbaren Kulturaustauschs. Die Europäer – ab ca. 1600 neben den Portugiesen auch Niederländer – waren hoch beeindruckt vom japanischen Zivilisationsstandard, der in handwerklich-technologischer Hinsicht in keiner Weise hinter Europa zurückstand und ihm z. b. im Urbanisierungsgrad und in der Ausdifferenzierung des Bildungssystems voraus war. Umgekehrt lernte Japan von den Portugiesen z. B. die Feuerwaffentechnik, aufgrund derer seine Armeen zu Ende des 16. Jahrhundert bei einer großangelegten Invasion Koreas (1592-1598) zu Lande kaum besiegbar waren. Auch nach Abbruch des Kontakts mit den Portugiesen, also während der Phase der sogenannten Abschließungspolitik, als nur noch die Niederländer auf einer kleinen Niederlassung auf der Insel Dejima geduldet wurden, wurde über diesen verbleibenden Kanal westliches Wissen begierig und, im Rahmen der Möglichkeiten, systematisch aufgenommen. Es entwickelte sich ein eigener Studienzweig, die sogenannte *Rangaku* („Niederländische Studien"), in deren Rahmen niederländische Bücher meist wissenschaftlichen Charakters ins Japanische übersetzt wurden. Dies gilt allgemein als ein Faktor, der die schnelle Modernisierung Japans im 19. Jahrhundert erleichterte.

In China konnten die Jesuiten gegen Ende des 16. Jahrhundert Fuß fassen. Ebenso wie Alessandro Valignano in Japan verschrieb sich Matteo Ricci in China unter dem Eindruck der Höhe der angetroffenen Zivilisation der Akommodationsmethode bei seiner Missionsarbeit, das heißt er versuchte das Christentum als Komplement zum Konfuzianismus, nicht als Alternative dazu einzuführen. Indem sich die Missionare als (konfuzianische) Gelehrte gaben, mussten sie sich vor allem durch ihr Wissen beweisen; sie führten daher die christliche Religion als „Lehre vom Himmel" ein, als deren Spezialisten sie sich durch ihren Vorsprung in astronomischem Wissen und

Kalenderkunde auswiesen. Dazu kamen neue geographische Kenntnisse und Vermessungsmethoden, euklidische Geometrie, technologisches Wissen, materiell greifbar in Fernrohren, Uhren und Flaschenzügen, sowie perspektivische Malerei. All dies vermehrte nicht nur die Kenntnisse chinesischer Gelehrter, sondern trug – gemeinsam mit anderen historischen Faktoren – zu der Verwissenschaftlichung des Geisteslebens bei, die das spätere 17. und das 18 Jahrhundert in China prägte.

Auch in Korea war das Wissen aus dem und über den Westen, das durch die regelmäßigen Gesandtschaften nach Peking bald vermittelt wurde, von geistesgeschichtlicher Bedeutung. Es trug gemeinsam mit dem Fall der Ming-Dynastie an die „barbarischen" Mandschuren zu einer Dezentrierung Chinas bei – schließlich konnte es auf einer runden Erde keinen geographischen Mittelpunkt geben. Auch dass der Status von Natur- und technologischem Wissen sich erhöhte, dürfte damit in Zusammenhang stehen. Einige Gelehrte des 18. Jahrhunderts fanden auch an den theologischen Inhalten der (chinesischsprachigen) jesuitischen Schriften Gefallen, so dass es in Korea, lange bevor der erste westliche Missionar das Land betrat (ein chinesischer Priester wurde 1795 ins Land geschmuggelt), zu katholischen Glaubensgemeinschaften kam, die trotz Verboten und Verfolgungen bis in die Moderne Bestand hatten. Die westlichen Schriften boten auch Anlass, über Herrschaftslegitimation und die Gestaltung des politischen Systems neu nachzudenken.

Die Nachrichten über ostasiatische Kulturen, die umgekehrt über die Missionen Europa erreichten, hatten nicht weniger Konsequenzen für die europäische Geistesgeschichte. In ihrem Bemühen, die religiösen Elemente des Konfuzianismus herunterzuspielen und die eigene Adaptationsstrategie aussichtsreich erscheinen zu lassen, schufen die jesuitischen Missionare ein Bild von China als säkularem, dabei aber effizienten und moralgeleiteten Beamtenstaat, das ironischerweise den Denkern der Aufklärung eine Blaupause für die Emanzipation von der Kirche und ebenfalls für ein Überdenken von Herrschaftslegitimation lieferte. Das chinesische Beamtensystem und die Lehren des Konfuzius gehörten zu den Standardargumenten, mit denen die Philosophen der Aufklärung operierten.

So hatte also die Erfahrung mit außereuropäischen Kulturen nicht unwesentlich beigetragen zur Ausbildung des modernen europäischen Denkens. Jenes Kategoriensystem, das der Westen im Zeitalter des Imperialismus weltweit, also auch in Ostasien verbreitete – etwa die Differenzierung von Religion, Wissenschaft, Politik, Wirtschaft in verschiedene gesellschaftliche Bereiche mit ihrem je eigenen Regelsystem – war nicht zuletzt im Rahmen der Verarbeitung des neuen Wissens über Ostasien entstanden.

Die Zeit des Imperialismus: der Import westlicher Kategorien und die Entstehung von „multiple modernities"

Die Zeit der Aufklärung hatte also insgesamt ein eher positives Bild von Ostasien, als deren Ausdruck die im 17. und 18. Jahrhundert an europäischen Fürstenhöfen gepflegte Chinoiserie gelten darf. Chinesisches Porzellan und chinesische Gärten wurden wegen ihrer Exotik, aber auch als materieller Ausdruck höchster kultureller Verfeinerung geschätzt. Dem stand als Negativum die Christenverfolgung in Ostasien gegenüber (Japan galt im frühen 17. Jahrhundert als besonders geeigneter Ort, um den Märtyrertod zu suchen). Der Schutz christlicher Missionare wurde denn auch bis ins frühe 20. Jahrhundert als Vorwand für die Durchsetzung europäischer Interessen in Ostasien gebraucht.

Die spürbare imperialistische Bedrohung Ostasiens durch Europa begann in der ersten Hälfte des 18. Jahrhundert zunächst mit dem Drängen westlicher Handelsgesellschaften auf mehr Handelsmöglichkeiten. In China, wo der Außenhandel unter strengen Restriktionen über Kanton abgewickelt wurde, lag die Konfliktlinie beim Opiumhandel (d. h. der Einfuhr des indischen Opiums nach China), der ab ca. 1820 die bis dahin stets negative Handelsbilanz der englischen Kaufleute zuungunsten Chinas ausschlagen ließ; entsprechend – und natürlich auch aufgrund der negativen Auswirkungen der eingeführten Droge – versuchte die chinesische Regierung, diesen Handel zu unterbinden. Energisch ergriffene Maßnahmen – inklusive der Konfiszierung britischen Opiums in Kanton im Jahr 1839 – führten schließlich zum Ersten Opiumkrieg, der 1842 aufgrund der Überlegenheit der britischen Flotte mit den ersten „Ungleichen Verträgen" endete, die China zur Öffnung einer Reihe zusätzlicher Häfen und zur Abtretung Hongkongs sowie zu Reparationszahlungen zwangen. Dies war der Beginn einer Semi-Kolonialisierung Chinas durch westliche Mächte, die mit dem Zweiten Opiumkrieg (1857-1860) in die Eingliederung Chinas in eine vom Westen diktierte, nationalstaatliche „Weltordnung" mündete. Auf die Dauer konnten sich darin die Qing-Dynastie (1644-1911) und das kaiserliche System als solches nicht halten.

1854 wurde Japan durch amerikanische Kanonenboote in ähnlicher Weise mit ungleichen Verträgen zwangsgeöffnet. Dort lernte man allerdings schnell, mit den Westmächten Schritt zu halten: Mit den Meiji-Reformen von 1868 wurde das Staatswesen in einer Weise umgestaltet, die der effizienten Übernahme all jener Techniken und Sozialstrukturen diente, die für einen wirtschaftlich erfolgreichen und militärisch starken Staat notwendig waren. Deutsches Wissen spielte dabei vor allem in den Bereichen Jura, Medizin und Militär eine bedeutende Rolle. Bereits 1874 schluckte der neue japanische Staat Okinawa, das bis dahin ein unabhängiges Land gewesen war; 1876 öffnete er mit den Methoden westlicher Kanonenbootpolitik Korea für den internationalen Handel. Mit siegreichen Kriegen gegen China (1894/5) und Russland (1904/05) und der Aneignung Taiwans (1895) und Koreas (1910) als Kolonien wurde Japan bald als einzige Weltmacht außerhalb Amerikas und Europas anerkannt. Mit dem Angebot einer gemeinsamen

Identifizierung als Asiaten, die den Westmächten die Stirn bieten, versuchte Japan auch die Widerstände der kolonialisierten Völker zu mindern. Für Korea, auf diese Weise unter kolonialen Vorzeichen in die Moderne gezwungen, stellte der Westen – insbesondere die USA, auf denen vor 1910 die Hoffnungen auf Hilfe bei der Bewahrung der eigenen Unabhängigkeit besonders geruht hatten – jedoch in mancher Hinsicht eine Alternative zu den starken Nachbarn China und Japan dar, aus deren Umklammerung es sich zu befreien galt. Das begünstigte die weitgehende Akzeptanz US-amerikanischer Vorherrschaft nach 1945 (trotz starker kritischer Stimmen aus der Opposition), die einer besonders ausgeprägten „Verwestlichung" in Südkorea Vorschub leistete.

Doch auch für Südkorea gilt, dass die im 19. Jahrhundert erfolgte Eingliederung in die (damals) westlich dominierte Weltordnung zwar, wie oben angedeutet, mit der Übernahme des spezifischen Kategoriensystems einherging, mittels dessen in der Moderne weltweit das Sozialleben geordnet wird, dass aber diese Übernahme nicht ohne Adaptation vollzogen wurde, mit anderen Worten, dass auf der Grundlage je eigener Traditionen je eigene Umdeutungen und Anpassungen entstanden, so dass man es heute in der Regel vorzieht, nicht von einer einheitlichen, weltumspannenden Moderne, sondern von regional unterschiedlichen „multiplen Modernen" zu sprechen. Die Herausforderung, die darin liegt, nämlich ein globaler Wettbewerb der auf unterschiedliche Art modernen Gesellschaften, und das Potential asiatischer Gesellschaften in diesem Wettbewerb, wurde bereits um die Wende des 19. Jahrhundert in Europa empfunden und mit dem Schlagwort der „gelben Gefahr" bedacht, das nun, hundert Jahre später, zumeist in der Form des „pazifischen 21. Jahrhundert" wieder ausgerufen wird. In der Tat tut Europa gut daran, sich der Stärke und kulturellen Produktivität Ostasiens bewusst zu sein. Allerdings sollte dies nicht, wie schon oft geschehen, mit einer Dämonisierung ostasiatischer Länder und Kulturen einhergehen, sondern mit der Erkenntnis, dass

Europa und Ostasien stets profitieren, wenn sie voneinander lernen.

Inhaltliche Schwerpunkte und Problemorientierung im Unterricht
- Austauschbeziehungen zwischen Ostasien und Europa von der Antike bis zum 18. Jahrhundert (Phasen, Bereiche)
- Eingliederung Ostasiens in die westlich dominierte Weltordnung (Herausbildung „multipler modernities")
- *Worin liegen Chancen, aber auch Gefahren in der ostasiatisch-europäischen Verflechtungsgeschichte?*

Literaturhinweise

Höllmann, Thomas O.: Die Seidenstraße. München: C.H. Beck, 2011.
Osterhammel, Jürgen: Die Entzauberung Asiens: Europa und die asiatischen Reiche im 18. Jahrhundert. München: C.H. Beck, 1998.

2. Ostasiatische Weltordnung

> **Modulziele**
> Über lange Zeit herrschte in Ostasien eine Vorstellung von „der Welt" vor, welche sich deutlich von der im sogenannten Abendland unterschied. Ziel des Moduls ist, die Besonderheiten dieser Weltvorstellung zu vermitteln, die somit eine „Alternative" zu den in Europa geläufigen Vorstellungen darstellt. Es soll ferner verständlich gemacht werden, welche Probleme sich beim Aufeinandertreffen des überkommenen mit dem westlich geprägten Weltbild ergaben und weshalb einzelne ostasiatische Länder unterschiedlich mit dieser Herausforderung umgingen. Dies hat nicht zuletzt Einfluss auf das jeweilige Rechtssystem und die internationale Einbindung ostasiatischer Länder.

„Alles unter dem Himmel": die Theorie des chinesischen Weltbildes

In den chinesischen klassischen Schriften des 1. Jahrtausends vor Christus wird ein Weltbild entwickelt, das in der Region Ostasien über lange Zeit dominierte. Danach verleiht der „Himmel" das „Mandat" der Herrschaft dem „Himmelssohn", also dem Herrscher. Dieser ist somit legitimiert, über „die Welt" zu herrschen, wobei „die Welt" als „alles unter dem Himmel" bezeichnet wird. Entsprechend gibt es theoretisch nichts außerhalb des Herrschaftsgebietes des chinesischen Herrschers und niemanden, der dem „Himmelssohn" ebenbürtig wäre. Ein Verständnis von gleichberechtigten Beziehungen ist damit von vornherein ausgeschlossen. Geographisch bedeutet das Modell, welches auch in visuellen Darstellungen der quadratisch vorgestellten Welt seinen Niederschlag gefunden hat, das sich im Zentrum und an der Spitze der Welt der chinesische Herrscher befindet, um den herum sich die gesellschaftliche Elite, dann das gemeine Volk schart. Um diesen „Zivilisationskern" wiederum gruppieren sich die nach Himmelsrichtung „geordneten" „Barbaren": je näher am Zentrum, desto kultivierter (in chinesischer Diktion: „gekocht"), je weiter weg, desto wilder (in chinesischer Diktion: „ungekocht-roh"). Das gesamte Modell basiert auf dem Konzept einer paternalistischen Familienstruktur, in der der Vater an der Spitze einer sich nach unten ausbreitenden Pyramide steht, und in der die ganze kultivierte Welt einer hierarchisch geordneten Familie gleicht, deren Ränder sich in der Wildnis verlieren. Hier wird die Stellung durch den jeweiligen „Verwandtschaftsgrad" mit dem Herrscher als Familienoberhaupt bestimmt. Entsprechend werden fremde, aber wohlgesinnte Herrscher in der Theorie „adoptiert" und in das fiktive Verwandtschaftsgefüge eingepasst, womit ihnen ein bestimmter Rang zugewiesen ist. Da dieses Weltbild lange Zeit nicht grundsätzlich herausgefordert, sondern von den umliegenden Ländern mehr oder minder anerkannt (im schlechtesten Falle ignoriert) wurde, konnte es sich trotz einiger Krisen prinzipiell bis ins 19. Jahrhundert halten.

Das Tributsystem und seine Attraktivität für die Tributleister

Die de facto selbstverständlich existenten politischen und ökonomischen Beziehungen zwischen den Kulturen Ostasiens wurden terminologisch unter dem chinesischen Konzept „Tributsystem" gefasst. Da im chinesischen klassischen Konfuzianismus Vorbehalte gegenüber dem Handel als Gewerbe bestanden, weil er „nicht produziere", wurde das, was wir heute offizielle Handelsbeziehungen nennen würden, in Ostasien rituell überformt und von chinesischer Seite als „Tribut" bezeichnet. In dieser Hinsicht unterschied sich also die ostasiatische Weltordnung deutlich etwa von Modellen, wie sie die Araber, aber auch die handelliebenden Griechen favorisierten. Im Rahmen des erwähnten paternalistisch-familistischen Weltmodells zeigen die „Tributleister" ihre Anerkennung des Herrschaftsanspruchs des Himmelssohnes und bringen ihre „Geschenke". Der chinesische Herrscher wiederum ist aufgrund seiner übergeordneten Stellung dazu verpflichtet, diese mit größeren Gegengeschenken zu beantworten – was zeitweise zu Einschränkungen in der Frequenz und Größe offizieller Tributgesandtschaften führte, um den Staatssäckel zu schonen. In diesem rituellen „Mechanismus" der üppigen „Gegengeschenke" mit hochwertigen chinesischen Waren liegt ein Grund für die Attraktivität des Tributleister-Status für umliegende Reiche, die dafür nur formal die Oberhoheit des chinesischen Herrschers anerkennen mussten, denn dieser hatte nur selten Grund, sich aktiv in die „inneren Angelegenheiten" der benachbarten Reiche einzumischen: Bestenfalls dann, wenn diese sich für stark genug hielten, die rituelle Unterordnung in Frage zu stellen, worauf der chinesische Herrscher seinen Überlegenheitsanspruch militärisch durchsetzen musste. Bei der Gelegenheit der Tributgesandtschaften war es außerdem erlaubt, sozusagen nebenbei Handel in China zu treiben, was abgesehen von den offiziellen „Gegengeschenken" im Grunde der Hauptanreiz für die Tributleister war. Anders gesagt: ohne Tributbeziehung kein Handelsrecht. Ferner war mit dem Tributleister-Status verbunden, dass der „Vater" zwar erwarten konnte, dass seine „Söhne", „jüngeren Brüder" oder „Neffen" bei Bedarf auch Hilfstruppen für ihn „als Gabe" stellten, vor allem er aber umgekehrt seinen „Schützlingen" beistehen musste, sollten sie in Gefahr geraten, was konkret Anspruch auf militärische Verteidigungshilfe bedeutete. Korea wie Vietnam als längste und dauerhafteste Tributleister sollten diese auch mehrfach in der Geschichte für sich reklamieren. Sämtliche „Außenbeziehungen" Chinas waren theoretisch in diesem Tributsystem gefasst, und auch andere Länder ahmten dies nach, indem etwa Korea und Japan ihren bilateralen Handel in dieses rituelle System kleideten (wobei die subjektive Perspektive, wer wem „Tribut" zolle, durchaus variieren konnte). Geographisch veränderten sich die Grenzen des „aktiven" Tributsystems Chinas in der Geschichte immer wieder: Relativ konstant (auch dank geographischer Nähe und den entsprechenden Möglichkeiten, im Zweifelsfall militärisch einzugreifen) blieben als enge „Verwandtschaftsbindungen" die zu Korea und Vietnam. Japan wiederum war nur halb in das Tributsystem integriert: Es schickte in unregelmäßigen Abständen Gesandtschaften, bekam aber schließlich auch von chinesischer Seite eine geringere „Frequenz" als etwa Korea, Vietnam oder das Königreich Ryūkyū (heute: „Präfektur Okinawa" als Teil Japans) zugebilligt. Entsprechend akzeptierten die Herrscher Koreas und Vietnams in den meisten Zeiten den vom chinesischen Kaiser als „Belehnung" verliehenen Titel „König", der sie schließlich zusätzlich als Herrscher legitimierte, und definierten sich selbst China gegenüber als „kleinere Brüder" (wenn auch zuweilen mit dem Zusatz, dies gelte „nach außen"; nach innen sei man sehr wohl selbst „Kaiser"). Japans Herrscher hingegen legten sich schon früh selbstbewusst den Titel „himmlischer Herrscher" (*tennō*) (mit der Implikation der Göttlichkeit und somit Unabhängigkeit von dynastischer „Bewährung" wie in China) zu, was zu Verstimmungen mit der chinesischen Seite führte, die jedoch keine Handhabe hatte, dies zu unterbinden – außer in ihrem eigenen Schriftverkehr die japanische Selbstbezeichnung konsequent zu ignorieren. Administrativ wurde das Tributsystem lange Zeit ausschließlich vom chinesischen Ritenministerium betreut. Erst in der letzten Dynastie unter den Mandschuren wurde eine Zweiteilung der Außenbeziehungen vorgenommen: Während das Tributsystem mit den „Familienmitgliedern" weiterhin beim Ritenministerium verblieb, wurde der nun intensivere Kontakt mit diversen „westlichen Barbaren" einer eigenen Behörde unterstellt.

Der Praxistest: Vormoderne Krisen und Versuche der Ausdehnung

Wie erwähnt, wurden theoretisch die gesamten Außenbeziehungen Chinas im Modell des Tributsystems gefasst, welches die Dominanz des „Himmelssohnes" sichern sollte. In der Praxis allerdings stieß das Modell schon früh an seine Grenzen, und zwar naheliegenderweise immer dann, wenn China seinen Dominanzanspruch militärisch nicht sichern konnte oder gar selbst zerfiel und in Teilen seines vormaligen Herrschaftsgebietes Fremdherrschaft erlebte. Denn der Theorie der unwiderstehlichen Anziehungskraft der chinesischen Kultur standen die handfesten politischen und militärischen Interessen der Nachbarn entgegen, weshalb bei aller konfuzianisch überformten Friedensrhetorik die Geschichte in Ostasien keineswegs weniger kriegerisch verlief als andernorts in der Welt. Ebenso bleibt zu beachten, dass die Grenzen der „Länder" Ostasiens in der Geschichte stark variierten und daher bis heute etwa für Regionen wie die Mandschurei (heute Teil der VR China) mehrere „nationalstaatliche historische Ansprüche" geltend gemacht werden. Sinnfällig wird dies etwa im Falle der Stele beim Grabmal des Königs Kwanggaet'o des einstigen Staates Koguryŏ in der Mandschurei, welches die UNESCO gleichzeitig als chinesisches und nordkoreanisches Kulturgut anerkannt hat, während in der japanischen Kolonialzeit versucht wurde, aus der Stele japanische Besitzansprüche auf koreanisches Gebiet abzuleiten, da sie angeblich belegte, dass Japaner im 4. Jahrhundert Teile der koreanischen Halbinsel erobert hatten. Die feste „nationale Zuordnung" etlicher Gebiete in Ostasien, die sich an heutigen Staatsgrenzen orientiert, ist historisch daher durchaus problematisch.

Immer wieder stand China vor dem Problem, nicht nur Nachbarn mit Gewalt in den Tributstatus zwingen zu müssen, sondern sich in kritischen Zeiten mit seinen nachgefragten hochwertigen Gütern das Wohlwollen überstarker Nachbarn zu

„erkaufen". Besonders drastisch und für die Theorie des chinesischen Weltmodells kritisch waren die Tributverträge, die China ab dem 11. Jahrhundert mit den übermächtigen Nachbarreichen Liao, Xixia und dann Jin schließen musste, in dem es nicht nur faktisch für sein Überleben seinerseits Tribut zahlte, sondern schriftlich-offiziell die Ebenbürtigkeit der Vertragspartner anerkennen musste, was das System als solches in Frage stellte (und daher in der Geschichtsschreibung „nach innen" gern später unter den Teppich gekehrt wurde, ebenso wie das – erfolglose – militärische Hilfeersuchen des chinesischen Song-Kaisers an den Hof des koreanischen Koryŏ-Staates, in Umkehrung des „üblichen" Musters). Mit den Mongolen, die China gar zum Teil eines Weltreiches degradierten und somit „dezentrierten", stürzte das ostasiatische Weltmodell in seine tiefste Krise vor der Moderne. Nach Restauration eines Han-chinesischen „Himmelssohnes" mit der Ming-Dynastie, unter der das Tributsystem seinen Höhepunkt erlebte, begann zunächst eine Art Kompensation durch den aktiven Versuch, das Tributsystem von sich aus geographisch weiter auszudehnen mit den berühmten Schiffsreisen des Zheng He, der Anfang des 15. Jahrhunderts zahlreiche Länder Südost- und Südasiens besuchte und bis nach Afrika kam. Allerdings zeigte sich auch hier, dass das Tributsystem für China durchaus kostspielig war, so dass dieser Ausdehnungsversuch Episode blieb. Dafür markierte diese Zeit nicht von ungefähr den Höhepunkt des sich jenseits des Tributsystems entfaltenden privaten Handels innerhalb Ostasiens, in den sich die seefahrenden Europäer zunehmend einklinkten.

Tributsystem und Völkerrecht

Mit den Verträgen mit Russland, welches sich im 17. Jahrhundert zunehmend nach Osten ausdehnte und dadurch mit China in Berührung kam, kam China zum ersten Mal in „diplomatischen" Kontakt im modernen Sinne. Nicht von ungefähr waren es die nun am chinesischen Hof aktiven westlichen Jesuiten, die

die Verträge auszuformulieren halfen. Russland behielt seitdem einen „besonderen Status" in den chinesischen Außenbeziehungen, die sich seit dem 19. Jahrhundert nun in weniger friedlichem Kontext mit westlichen Ländern entwickelten. Der mit dem Ende des Ersten Opiumkriegs 1842 abgeschlossene Vertrag von Nanjing markiert den Beginn der sogenannten „Ungleichen Verträge", in denen zunächst China, dann auch andere ostasiatische Länder für sie unangenehme Bekanntschaft mit dem westlichen Verständnis von „internationalem Recht" machten. China, welches auf seine Dominanz im überkommenen ostasiatischen Weltbild baute, tat sich am schwersten, sich auf die neue Zeit einzustellen: Es verweigerte sich lange der Einrichtung diplomatischer Vertretungen in Peking, die die westlichen Ausländer dann schließlich mit Gewalt und vor der Haustür des Kaiserpalastes erzwangen. Der erste Botschafter für China im Ausland war bezeichnenderweise Amerikaner. Die ersten chinesischen Beamten, die schließlich als Botschafter ausgesandt wurden, wurden zu Hause geschmäht. Ein Außenministerium wurde erst Anfang des 20. Jahrhunderts gegründet, nachdem man zuvor nur widerwillig eine Zentralbehörde für den administrativen Umgang mit allen Ausländern, gleich ob einst Tributleister oder nicht, geschaffen hatte, welche mit einer Sprachenschule versehen wurde, an der wiederum meistens Ausländer unterrichteten. Auch hier war es bezeichnenderweise ein Amerikaner, der für die erste chinesische Übersetzung der Grundzüge des internationalen Rechts sorgte. Grundproblem war für die chinesische Seite, dass „internationale Beziehungen" voraussetzten, dass die Welt aus mehreren „Staaten" besteht, und dies stand in eklatantem Gegensatz zum herkömmlichen Selbstverständnis als Zentrum des „alles unter dem Himmel", welches nur von unterschiedlich hoch zivilisierten Völker bewohnt wird. Der mühsame Übergang vom Verständnis eines imperialen China hin zu einem China als Staat unter Staaten erklärt sich aus der nachhaltigen Wirkung des sinozentrischen ostasiatischen Weltbildes.

Ganz anders hingegen lief die Entwicklung in Japan ab, das selbst zwar grundsätzlich das im Kern sinozentrische ostasiatische Weltbild geteilt hatte, aber schon früh immer wieder die chinesische Dominanz in Frage gestellt und auf eigene Zentralität gepocht hatte, etwa in der Annahme, aufgrund wahrgenommenen „Niedergangs" in China nun die Zentralität „geerbt" zu haben, oder – in buddhistischem Gewand – den „Niedergang" des Buddhismus in Indien und China mit dem Nachrücken Japans als dem neuen „Buddhaland" aufzuwiegen. Dieses „Sendungsbewusstsein" lebte dann in Japan in neuer Form in der Moderne auf: Angesichts des Desasters, das China im Ersten Opiumkrieg erlebte und das damit seinen kulturellpolitischen Führungsanspruch in Ostasiens endgültig in Frage stellte, entschied man sich in Japan bald, anders auf die Konfrontation mit dem Westen zu reagieren. Man musste, wie China, zunächst „Ungleiche Verträge" akzeptieren, bemühte sich aber, sich schnell die Grundlagen des westlichen Verständnisses von „internationalem Recht" anzueignen und für sich selbst zu nutzen. Ein erster Erfolg innerhalb Ostasiens gelang Japan dabei Anfang der 1870er-Jahre gegen China, indem es das zuvor de facto sowohl dem chinesischen Hof als auch einem Fürstentum Japans Tribut leistende Insel-Königreich Ryūkyū diplomatisch geschickt auf seine Seite ziehen konnte. Als Seeleute aus Ryūkyū an der Küste Taiwans, das damals peripher zum chinesischen Reich gehörte, strandeten und von den dortigen Einwohnern ermordet wurden, forderte Japan von China für den Tod der Seeleute Wiedergutmachung. Indem China schließlich „generös" aus Verantwortlichkeit für Taiwan der Bitte nachkam, hatte es damit ungewollt nach internationaler Auffassung implizit Japans Anspruch auf Ryūkyū anerkannt. Hier hatte China aufgrund der alten Tributmentalität gehandelt, während Japan das internationale Recht für sich nutzte. Als Ergebnis hatte China international jeden Anspruch auf Ryūkyū verloren. Als nächsten Schritt stärkte Japan systematisch seine Stellung in Korea, und mit dem chinesisch-japanischen Krieg 1894/95 wurde der

Konflikt militärisch: Japan entzog China ein weiteres Gebiet und machte Taiwan zu seiner ersten Kolonie. Korea sollte bald folgen. Hiermit hatte Japan endgültig das Tributsystem und die alte ostasiatische Weltordnung aufgelöst.

Korea wiederum sah sich lange Zeit, wenn auch intern nicht immer unumstritten, als Teil des Tributsystems. So sah man vor allem nach der Mongolenzeit Vorteile darin, bei Gefahr auf die chinesische militärische Hilfe bauen zu können. Der Ernstfall trat ein, als die Japaner unter Toyotomi Hideyoshi Ende des 16. Jahrhunderts Korea zweimal angriffen und man den chinesischen Hof erfolgreich um Hilfe anrief. Knapp drei Jahrhunderte später, als Japan sich ab den 1870er-Jahren zunehmend in Korea einmischte, berief sich Korea immer wieder auf seine Tributbeziehung zu China und erhielt Hilfe, die allerdings nun nur wenig gegen die japanische militärische und diplomatische Überlegenheit ausrichtete. Korea versuchte seinerseits, internationales Recht gegen die japanischen Begehrlichkeiten einzusetzen, doch konnte es die Kolonialisierung nicht abwenden.

Ähnlich erging es Vietnam, das sich wie Korea lange als Teil des Tributsystems gesehen hatte und ebenfalls angesichts des Vordringens der westlichen Kolonialmächte immer wieder militärischen Beistand vom chinesischen Hof eingefordert hatte, letztlich aber der Kolonialisierung durch die Franzosen nicht entging.

Ostasien als „ein" Raum oder das „pazifische Jahrhundert"?

Das „ostasiatische Weltbild" von einst ist heute selbstredend obsolet geworden. Dennoch gibt es gewisse Kontinuitäten, etwa wenn es um die Frage einer „ostasiatischen Identität" geht, auch wenn von den nichtchinesischen Ländern die Dominanz Chinas heute nicht mehr ohne weiteres anerkannt wird. Neben den Versuchen, die Gemeinsamkeit über die Schrift oder den Konfuzianismus oder den Buddhismus herzustellen, ist die historische Verflechtung über den Handel, der nicht zuletzt auf substaatlicher Ebene florierte, bzw. das Tributsystem und die rituelle Verbundenheit in „einer Familie" ein zuweilen angeführtes Argument.

Auf einer etwas anderen Ebene bewegt sich die seit den 1990er-Jahren im Westen viel zitierte, und auch in Ostasien diskutierte These vom 21. Jahrhundert als „pazifischem" (manchmal auch: „chinesischem") Jahrhundert. Unstrittig dürfte sein, dass die Welt nach dem Ende des Kalten Krieges komplizierter geworden ist und mehr globaler „Input" seitens der ostasiatischen Länder zu erwarten ist im Zuge der bereits vor sich gehenden geopolitischen Verschiebungen. Ob Ostasien dann als „Einheit" eine Rolle spielen wird oder sich neue, von der Geschichte absetzende Formierungen herausbilden, etwa unter Einbeziehung Russlands, Südostasiens oder pazifischer Anrainerstaaten, bleibt abzuwarten.

Inhaltliche Schwerpunkte und Problemorientierung im Unterricht

- das sinozentrische Weltbild
- Das Tributsystem als Mittel zur Sicherung chinesischer Vorherrschaft
- Tributsystem und westliches Völkerrecht am Beispiel Chinas, Japans, Koreas
- die Rolle Chinas als Vormacht Ostasiens und das „Jahrhundert der Schmach"
- *Welche Anzeichen könnten darauf hindeuten, dass das 21. Jahrhundert ein „chinesisches Jahrhundert" werden könnte?*

Literaturhinweis

Aubin, Françoise: „Tributsystem". In: Staiger, Brunhild/Friedrich, Stefan/Schütte, Hans-Wilm (Hrsg.): Das Große Chinalexikon. Darmstadt: Primus, 2003. 770 ff.

3. Herrschaft

> **Modulziele**
> Die Schüler sollen die historisch bedeutsamsten Formen von Herrschaft in Ostasien kennen und zwischen den Entwicklungen in den einzelnen Ländern der Region unterscheiden lernen.

„Orientalischer Despotismus"

Der deutsch-amerikanische Soziologe Karl August Wittfogel hat die These aufgestellt, dass viele traditionelle asiatische Gesellschaften „hydraulische Gesellschaften" waren, deren ökologisch-ökonomische Zwänge die Entstehung zentralistischer Herrschaftsstrukturen mit starkem Herrscher und ausgeprägter Bürokratie begünstigten. Wittfogel nannte dies „orientalischen Despotismus" und bezog sich dabei insbesondere auf China. Historiker sehen hierin allerdings eine allzu stark vereinfachende Generalisierung, denn einerseits weichen die ökologischen Voraussetzungen in den einzelnen Teilen Ostasiens stark voneinander ab; andererseits bildeten sich auch politische Organisationsformen heraus, die dem von Wittfogel gemalten Bild nicht entsprechen.

Vorgeschichte

Zwei Entwicklungen von universalgeschichtlicher Bedeutung stehen am Anfang der politischen Geschichte Ostasiens: Erstens die neolithische Revolution, während derer sich (beginnend mit dem südlichen China) in den hierfür klimatisch geeigneten Teilen Ostasiens der Nassreisanbau durchsetzte, der zu einem starken Bevölkerungswachstum führte; zweitens die „metallurgische Revolution" des zweiten Jahrtausends v. Chr. Damals begann in Teilen des heutigen Chinas die Bronze- und nachfolgend die Eisenzeit. Vor allem die Herstellung von Waffen und anderen Geräten aus Metall rückte nun ins Zentrum der herrschaftlichen Aktivitäten. Um den dafür nötigen Nachschub an Erzen zu garantieren, mussten Wälder gerodet und regionale Siedlungszentren außerhalb der bisherigen Herrschaftszentren angelegt werden. Deshalb waren die erfolgreichen politischen Gebilde dieser Zeit auf Expansion ausgerichtet. Die Bronzezeit begann um 1000 v. Chr. auch auf der koreanischen Halbinsel. Etwa 500 Jahre später begann auch hier die Eisenzeit. Von dort aus verbreiteten sich die Eisen- und Bronzeherstellung sowie der Anbau von Nassreis und Weizen schließlich auch in Japan. In diesem Zeitraum entstanden in ganz Ostasien konkurrierende Modelle von Herrschaft.

Frühe Herrschaftsmodelle der chinesischen Welt

Das erste ostasiatische Reich, dessen Herrschaftsstrukturen und -ideen durch eigene Aussagen bekannt sind, war das Reich der Shang (auch Yin genannt) (ca. 1600-1046 v. Chr.). Es umfasste weite Teile der Mitte des heutigen Chinas von der Ostküste bis zum Mittelteil des Gelben Flusses im Norden und des Changjiang im Süden. Die Überlieferung besteht aus Inschriften auf Metallgeräten sowie auf Orakelknochen, deren Schriftzeichen seit dem 20. Jahrhundert entziffert werden und die große Ähnlichkeit mit den späteren chinesischen Schriftzeichen besitzen. Die Gesellschaft der Shang (der Name bedeutet „Händler") bestand aus Sippen, an deren Spitze eine Dynastie von Königen stand. Die Könige lebten in wechselnden Hauptstädten. An ihren Residenzen gab es ein stark reguliertes Hofleben. Der König galt als Mittler zwischen Himmel und Erde; seine Orakel sollten die Ereignisse der Zukunft voraussagen. Dabei war der Kalender in zehn Tage eingeteilt, die als Götter betrachteten Gestirnen geweiht waren; jeweils drei Einheiten von zehn Tagen ergaben einen Monat. Der König war auch für die Ernteriten verantwortlich. Der König, aber auch die Oberhäupter der anderen Sippen, die in ihren eigenen Städten ähnliche Funktionen wahrnahmen, waren also Priesterherrscher.

Einige der hier erkennbaren Merkmale lassen sich auch in den späteren ostasiatischen Monarchien finden. Dazu gehören die priesterartige Stellung des Herrschers zwischen Himmel und Erde, die Bedeutung des Kalenders für seine Legitimation und seine Verantwortlichkeit für die Landwirtschaft (also die Versorgung der Bevölkerung mit Lebensmitteln). Allerdings waren das Shang-Reich, das ihm folgende Zhou-Reich und auch das frühe Han-Reich nicht zentralstaatlich organisiert; ihre Regionen kannten starke Autonomie. Spätere ostasiatische Staatsmodelle – mit der Ausnahme des vormodernen Japan – setzten dagegen auf eine starke Zentralgewalt.

Das chinesische Modell imperialer Herrschaft

Während der Herrschaft der Zhou-Dynastie (ca. 1000-256 v. Chr.) dachten erstmals Philosophen über die Rolle der Herrscher nach. Der Monarch wurde nun als „Sohn des Himmels" (chin. *tianzi*) angesehen, der mit dem Mandat des Himmels (chin. *tianming*) und gestützt auf Tugend und Moral über Zeit, Raum und Menschen (*tianxia* = „alles, was unter dem Himmel ist") herrschte. Der Herrscher von Qin führte diese Entwicklung zum Abschluss, indem er alle konkurrierenden Herrscher ausschaltete und 221 v. Chr. den chinesischen Titel *huangdi* („erhabener König-Gott") annahm. Für diesen Titel wird in westlichen Sprachen allgemein der Begriff „Kaiser" benutzt.

Schon unter dem Ersten Kaiser Qin Shi Huangdi begann der Aufbau einer zentralstaatlichen Bürokratie. Sie wurde allerdings nur durch die persönliche und von der Nachwelt als despotisch bezeichnete Autorität des Kaisers zusammengehalten. Während der Han-Dynastie (202 v. Chr.-221 n. Chr.) wurde die Herrschaft des chinesischen Kaisers auf das Fundament einer imperialen Staatsideologie gestellt. Sie bestand aus ausgesuchten Elementen der Soziallehre, die Konfuzius und Menzius lange vorher entwickelt hatten, sowie des Legalismus, der den Monarchen, seine Gesetze, die Armee und die Wirtschaft nach strengen Regeln zum Dienst am Staat verpflichten wollte. Hieraus entstand ein Kanon an Schriften und Maßgaben, an denen sich das Verhalten aller Staatsdiener einschließlich des Monarchen beurteilen ließ. In der Tang-Zeit (618-907) wurden die kaiserliche Bürokratie und das Prüfungssystem für Beamte weiter ausgebaut. Der chinesische Kaiser machte den Anspruch geltend, der Herrscher über das ganze zivilisierte Universum zu sein. Ausländische Herrscher am Rande der zivilisierten Welt, welche die Oberherrschaft (Souzeränität) des chinesischen Kaisers anerkannt und den von ihm festgesetzten Kalender akzeptiert hatten, wurden als Könige anerkannt (so die Monarchen der koreanischen oder vietnamesischen Reiche). Faktisch akzeptierte man jedoch, dass es auch andere Herrscher gab, die nicht unter chinesischer Herrschaft standen. Dies galt insbesondere für den Herrscher von Japan, der sich seit dem späten 7. Jahrhundert nach chinesischem Vorbild gleichfalls als „Himmlischer Kaiser" (jap. *tennō*) bezeichnete (und einen eigenen Kalender führte).

Auch spätere Dynastien (mit Ausnahme der Mongolen, die China 1276-1368 beherrschten) hielten an diesen Grundsätzen fest. Die aus der Mandschurei stammende Qing-Dynastie (1644-1912) kombinierte sie allerdings mit den unter den Mandschuren üblichen vasallitischen Elementen.

Herrschaft in China stellte demnach mit den Begrifflichkeiten des Soziologen Max Weber eine Mischung aus charismatischen Elementen (der persönlichen Autorität des Kaisers und seiner Auszeichnung durch den Himmel), traditionalen Elementen (der Erblichkeit des Kaiseramtes und dem Festhalten an überlieferten Regeln und Riten) und bürokratischen Elementen (der Führung der Staatsgeschäfte mithilfe einer speziell ausgebildeten Beamtenschaft) dar. Wahrscheinlich beruhte der historische Erfolg dieses Modells, das bis zur Revolution von 1911 modifiziert, aber im Kern nicht verändert wurde, auf dieser Mischung.

Korea: Das „kleine China"

Die frühen Kleinstaaten auf der koreanischen Halbinsel lösten sich nach dem Niedergang der chinesischen Han-Dynastie aus deren Einfluss. Die „Drei Reiche" Koguryŏ, Paekche und Silla organisierten sich dennoch nach chinesischem Vorbild. Silla gelang es bis 668, seine Konkurrenten zu besiegen. In der Hauptstadt Kyŏngju wurde nun eine zentralstaatliche Verwaltung eingerichtet, die sich auf eine konfuzianisch und buddhistisch ausgebildete Beamtenschaft stützte. 935 wurde Silla von dem neuen Reich Koryŏ abgelöst, dessen Hauptstadt Kaesŏng war. Auch Koryŏ übernahm das chinesische Modell. Allerdings übernahm Ende des 12. Jahrhunderts das Militär die Kontrolle über den Königshof. Diese Militärdiktatur wurde zwar Mitte des 13. Jahrhunderts beendet, aber Koryŏ geriet faktisch unter die Herrschaft der Mongolen. Als deren Reich zusammenbrach, fiel auch Koryŏ in eine schwere Krise, aus der 1392 das neue Königreich Chosŏn hervorging. Seine Hauptstadt war Hanyang, das heutige Seoul. Die ideologische Stütze des Königtums bildete der Neo-Konfuzianismus. Chosŏn betrachtete sich als „kleines China", das die ethischen und staatspolitischen Grundsätze des chinesischen Modells sorgsam bewahrte, während das damalige China wegen der Fremdherrschaft der Qing (Mandschu) nur noch begrenzt als Vorbild empfunden wurde.

Japan vor 1600: Ein feudaler Staat?

Die Übernahme des chinesischen Staatsmodells im 7. und 8. Jahrhundert sollte die Autorität und Macht der damaligen

Anführer der großen japanischen Adelssippen stärken. Tatsächlich gelang es, in Westjapan mit dem Machtzentrum in Kyōto, das unter der Führung des Kaisers (*tennō*) stand, einen bürokratischen Staat aufzubauen, der den Anspruch erhob, ganz Japan zu umfassen. Ihm standen allerdings andersartige (häufig als feudal bezeichnete und mit dem europäischen Mittelalter verglichene) Machtstrukturen unter den Kriegerfamilien im Osten Japans gegenüber. Im 12. Jahrhundert etablierte sich dort Kamakura als Machtzentrum und Sitz des *Shōgun* genannten Anführers der Krieger des Ostens. Der Einfluss des Kaisers auf diesen Teil des Landes war äußerst begrenzt. Manche japanischen Historiker sprechen daher von zwei (teilweise sogar noch mehr) parallel bestehenden, konkurrierenden Staaten mit starken kulturellen, ökonomischen und sozialen Unterschieden. Erst nach zahlreichen gewaltsamen Konflikten wurden die einzelnen Landesteile im 15. und 16. Jahrhundert unter Führung der Krieger in ein gemeinsames Staatswesen integriert. Der Form nach galt das chinesische Modell des imperialen Staates zwar bis ins 19. Jahrhundert weiter, es hatte jedoch nur eine sehr eingeschränkte Reichweite.

Drei Modelle frühmoderner Herrschaft

Zwischen dem 15. und 20. Jahrhundert standen in Ostasien daher drei Varianten des ursprünglichen – in der Han-Dynastie entwickelten – monastischen Herrschaftsmodells nebeneinander.

Die Ming- und Qing-Dynastien in China betonten die persönliche Autorität des Kaisers, der sich auf eine straff organisierte und – zumindest dem Anspruch nach – nach objektiven, fachlichen Kriterien ausgesuchte Beamtenschaft („Mandarine") stützte. Diese Beamtenschaft verstand sich als Leistungselite. Das Militär stand unter der Führung des Kaisers. Die Provinzen wurden durch kaiserliche Gouverneure verwaltet.

Auch in Chosŏn verfügte der König der Idee nach über starke persönliche Macht. Er herrschte aber de facto nur als primus inter pares unter seinen zivilen und militärischen Beamten. Diese Beamten wurden zwar nach ähnlichen Prinzipien ausgewählt wie in China, entstammten jedoch einer geschlossenen, erblichen Elite von Grundbesitzern (*yangban*). Das Reich war zentralstaatlich organisiert.

Der japanische Kaiser besaß dagegen kaum persönliche Macht. Die Politik lag in den Händen militärischer Befehlshaber, deren Führungsansprüche auf ihrer Rolle innerhalb des militärischen Adels beruhten. Der militärische Adel (*Samurai*) übernahm gleichzeitig auch die zivile Verwaltung. Die meisten Ämter beruhten auf Erblichkeit. Es gab keine Fachbeamten. Mehr als 250 Fürsten verwalteten ihre Herrschaftsgebiete mit einem hohen Grad an Autonomie. 1868 (Meiji-Renovation) wurde dieses Herrschaftsmodell aufgegeben und binnen 20 Jahren durch eine zentralstaatliche konstitutionelle Monarchie ersetzt.

Der republikanische Gedanke

Anders als in Europa gewann im vormodernen Ostasien die Idee einer republikanischen Herrschaftsordnung keinen Raum. Zwar gab es auf lokaler Ebene in den Gemeinden der frühen Neuzeit durchaus Selbstverwaltung. Aber selbst von „Piraten" oder Bauern getragene Revolten mündeten (wie zuletzt die Taiping-Rebellion der 1850er-Jahre) in der Etablierung eines monarchischen Systems. Die Vorstellung, man könnte einen ganzen Staat ohne einen Monarchen organisieren, trat zum ersten Mal am Ende des 19. Jahrhunderts. auf. Die 1895 gegründete Republik Taiwan wurde allerdings sogleich Japan unterworfen. Erst die chinesische Revolution von 1911 führte zu einer dauerhaften Lösung vom monarchischen Modell; unter dem Namen „Republik China" versteht sich Taiwan bis heute als Erbe dieser nationalistischen Revolution.

Korea und Vietnam wurden erst nach dem Zweiten Weltkrieg Republiken. Japan ist heute die letzte Monarchie in Ostasien, doch war es zugleich das erste Land Asiens, das 1889 das parlamentarische System in seiner Verfassung verankerte.

Diktatur

Angesichts der großen sozialen Spannungen und fortwährenden innen- und außenpolitischen Konflikte entwickelte sich die 1912 gegründete Republik China nach den Ideen von Sun Yatsen und der staatstragenden Nationalistischen Partei (*guomindang*) zu einer nationalistischen Erziehungsdiktatur, deren Programm die Modernisierung des Landes war. Die diktatorischen Züge verschärften sich während der Herrschaft von Chiang Kaishek ab 1927 und zeigten sich auch nach dem Rückzug der *guomindang* auf die Insel Taiwan. Erst am Ende des Kalten Krieges findet der Übergang zur Demokratie statt.

Im Südteil der seit 1948 politisch gespaltenen koreanischen Halbinsel herrschten unter Präsident Yi Sŭngman zunächst autoritäre, aber wenigstens der Form nach parlamentarische Verhältnisse, bis 1961 das Militär unter Führung von Pak Chŏnghŭi die Macht ergriff. 1972 wurde Südkorea zusätzlich unter Kriegsrecht gestellt. Pak wurde 1979 ermordet, und die Macht ging auf eine Militärjunta über. Sie löste sich 1987 auf und leitete die Demokratisierung des Landes ein.

Von 1945 bis 1976 war auch Vietnam geteilt. Im Süden entstand die Republik Vietnam, die zunächst vom ehemaligen Kaiser Bao Dai geführt wurde und in der Folgezeit unter Ngo Dinh Diem auch wegen des Kampfes gegen den kommunistischen Norden immer stärker autoritäre Züge annahm, bis sie 1963 bis zu ihrem Untergang 1976 von einer Militärjunta geleitet wurde.

Kommunistische Herrschaft

In allen ostasiatischen Staaten, in denen sich nach dem Zweiten Weltkrieg kommunistische Führungen etablierten, rekrutierte sich die politische Führung ganz überwiegend aus den jeweiligen Kommunistischen Parteien.

1949 gelang der Kommunistischen Partei Chinas (KPCh) unter Führung von Mao Zedong der Sieg über die zuvor mehr als 20 Jahre lang mit ihr um die Macht kämpfenden Nationalisten. In der daraufhin gegründeten Volksrepublik China besitzt die Kommunistische Partei die uneingeschränkte Führungsrolle über alle öffentlichen Angelegenheiten und das Militär. Nach dramatischen Rückschlägen in der wirtschaftlichen Entwicklung des Landes und heftigen innerparteilichen Auseinandersetzungen („Große Kulturrevolution" 1966-1968) löste sich die Partei allerdings Ende der 1970er-Jahre vom sozialistischen Dogmatismus in der Wirtschaftspolitik. Deng Xiaoping leitete ab 1979 weitreichende wirtschaftliche Reformen ein, ohne die Vorherrschaft der KPCh infrage zu stellen. 1993 verkündete der KP-Generalsekretär und spätere Staatspräsident Jiang Zemin die „sozialistische Marktwirtschaft". Politische Opposition, die sich gegen die Vorherrschaft der KPCh richtet, wird allerdings nach wie vor nicht geduldet.

Der Norden Vietnams geriet 1945 unter die Herrschaft der von Ho Chi Minh angeführten Kommunisten (*viet minh*). Seit der Wiedervereinigung 1976 herrscht die Kommunistische Partei Vietnams (KPV) als einzige legale Partei; Opposition wird nicht geduldet. Dies hat sich auch nach den 1986 beschlossenen wirtschaftlichen Reformen (*doi moi* = „Erneuerung") nicht geändert.

Auch der Norden der koreanischen Halbinsel wird seit 1945 kommunistisch beherrscht. Die Demokratische Volksrepublik Korea (Nordkorea) wurde 1948 gegründet. Ihr erster Präsident war der ehemalige kommunistische Guerillaführer Kim Il-sŏng (Kim Il-sung). Er verkündete 1967 die Lehre der „Selbstbestimmung" (kor. *Chuch'e*). Um seine Person wurde nach stalinistischem Vorbild ein Personenkult aufgebaut. Nach seinem Tod ging die Macht an seinen Sohn Kim Chŏng-il (Kim Jong-il) und später an dessen Sohn Kim Chŏng-ŭn (Kim Jong-un) über.

Die kommunistische Partei beherrscht jeden Aspekt des Lebens in Nordkorea.

Parlamentarische Demokratie

Im heutigen Ostasien sind die Republik Korea und die Republik China auf Taiwan als Präsidialdemokratien nach US-amerikanischem Vorbild verfasst. Japan ist eine konstitutionelle Monarchie, in der die Staatsgewalt seit 1946 beim Volk und dessen gewählten Vertretern liegt. Diese drei Staaten sind heute Mehrparteien-Systeme, in denen die politische Macht durch Wahlen übertragen wird.

Inhaltliche Schwerpunkte und Problemorientierung im Unterricht

- die ökologisch-ökonomische Vorprägung Ostasiens
- das chinesische Herrschaftsmodell und sein Einfluss auf Japan und Korea
- der besondere Weg Japans
- Diktaturen und Demokratien in Ostasien im 20. und 21. Jahrhundert
- *Warum stellt – bei der möglichen Übernahme westlicher Demokratiemodelle – die Geschichte Ostasiens ein Problem dar?*

Literaturhinweise

Dosch, Jörn (Hrsg.): Staat und Demokratie in Asien: zur politischen Transformation einer Weltregion. Münster: LIT, 2007.

Kern, Thomas/Köllner, Patrick (Hrsg.): Südkorea und Nordkorea: Einführung in Geschichte, Politik, Wirtschaft und Gesellschaft. Frankfurt/M.: Campus, 2005.

Lokowandt, Ernst: Der Tenno: Grundlagen des modernen japanischen Kaisertums. München: Iudicium, 2013.

Reinhard, Wolfgang/Müller-Luckner, Elisabeth (Hrsg.): Verstaatlichung der Welt? Europäische Staatsmodelle und außereuropäische Machtprozesse. München: Oldenbourg, 1999.

Spence, Jonathan D.: Ich, Kaiser von China. Ein Selbstporträt des Kangxi-Kaisers. Frankfurt/M.: Insel, 1985.

4. Revolution und Reform

> **Modulziele**
>
> Revolution und Reform sind zwei zentrale Begriffe für das Verständnis der Entwicklungen in Ostasien seit dem 19. Jahrhundert. Während das Reformmodell der Meiji-Erneuerung Japan zum berühmten Fall eines nichtwestlichen Landes machte, das mit beispielloser Schnelligkeit in den Kreis der führenden imperialen und dann weltwirtschaftlich dominierenden Staaten aufstieg, gab die chinesische Revolution ein wirkmächtiges Modell für andere „Entwicklungsländer" ab, die einen „eigenen Weg" suchten. Aufgrund mehrerer historisch bedingter Teilungen von Nationen in der Region nach dem Zweiten Weltkrieg, u. a. in Korea, entstand ferner eine Systemkonkurrenz, die gewisse Parallelen zur deutschen Teilung bietet. Ziel dieses Moduls ist, die Gründe für diese Entwicklungen zu skizzieren.

Krise und Neuorientierung

Der britisch-chinesische Opiumkrieg 1839/40-42, der mit einer Niederlage des großen Qing-Reiches geendet hatte, machte für ganz Ostasien die Brisanz augenfällig, die mit dem Vordringen des Westens in dieser Weltregion verbunden war. Die offenbar gewordene militärische Schwäche des Qing-Reiches, die die westlichen imperialistischen Ansprüche in der Folge weiter beflügelte, erschütterte vor allem in den Nachbarländern, die im bis dahin regional dominanten chinesischen Weltmodell zumindest theoretisch als Tributstaaten des chinesischen Imperiums fungierten, nachhaltig das Vertrauen in das überkommene System und Chinas Leitbildfunktion. Entsprechend entstanden in China und dann Korea (neu)religiös motivierte „Alternativsysteme" in Gestalt der Taiping- und der Tonghak-Aufstandsbewegungen, die nicht nur zu einer internen militärischen Herausforderung wurden, sondern auch ideologisch die Fundamente des überkommenen Herrschaftsanspruchs in Frage stellten. Ohne die ausländisch-christliche Präsenz wären diese beiden Bewegungen, von denen die Taiping immerhin über eine Dekade einen beträchtlichen Teil Chinas beherrschen konnte, in dieser Form nicht denkbar gewesen. Innerhalb Chinas führte das immer weiter um sich greifende Vordringen des westlichen Imperialismus und die damit verbundenen Souveränitätseinbußen (mittels der sogenannten „Ungleichen Verträge") zunächst nur zu zögerlichen Reaktionen von offizieller Seite. Erst Anfang der 1860er-Jahre, als nach weiteren kriegerischen Niederlagen deutlich wurde, dass die westliche „Plage" keine vorübergehende Erscheinung war und zugleich im Land massiver Aufruhr herrschte, wurden erste Reformschritte angegangen, die auf eine vorsichtige Neuorientierung an westlichen „Errungenschaft" v. a. im militärtechnologischen Bereich abzielten. Später gesellte sich auch der zivile Bereich dazu. Grundmotto der Erneuerung sollte sein: Das Eigene als Kern zu bewahren, aber westliche Güter oder sonstige nützliche Errungenschaften zu übernehmen. Entsprechend konzentrierten sich die Reformbemühungen über die zweite Hälfte des 19. Jahrhunderts auf die Anschaffung von modernem Kriegsgerät, den Bau von Werften und ersten Fabriken, aber auch auf Übersetzungen westlicher Werke zu Wissenschaft und Technik. Im institutionellen und kulturellen Bereich war hingegen die Beharrungskraft des alten Systems in China am stärksten, während man in Japan schneller begriff, dass sich auch dieser Bereich wandeln musste. Korea wiederum unternahm seinerseits mehrere Reformanstrengungen im späten 19. Jahrhundert, wurde aber durch seine prekäre Mittelstellung zwischen China und Japan und die zunehmende japanische Einmischung in seine Angelegenheiten in eigenständigen Reformmöglichkeiten eingeschränkt.

Das „Meiji-Modell"

Da das riesige Qing-Reich in der militärischen Auseinandersetzung mit Großbritannien im Opiumkrieg nahezu chancenlos gewesen war, wurde dies vor allem in Japan mit großer Sorge betrachtet, und man zog daraus den Schluss, dass man mit dem Westen anders umgehen müsse. Als daher der US-Admiral Perry mit seinen „schwarzen Schiffen" 1853/54 die „Öffnung Japans" erzwingen wollte, verzichtete der *Shōgun* wohlweislich auf intensiveren Widerstand. Stattdessen verlegte man sich in Japan rasch auf ein Modernisierungsprogramm, das 1868 schließlich auch in einem spektakulären Umbruch zur Abschaffung des *Shōgunats* und der Einsetzung des zuvor politisch nur nominell bedeutsamen Kaisers als faktischem Staatsoberhaupt führte. Im Laufe der Regierungszeit des Meiji-Kaisers, der durch seine Stellung die konkrete Regierungsausübung durch ein Gremium von Staatsmännern legitimierte, wurde die gesamte staatliche Struktur Japans erneuert und schließlich eine konstitutionelle Monarchie etabliert. Vor allem bis in die 1880er-Jahre hinein wurde ein nach westlichem Vorbild ausgerichtetes Modernisierungsprogramm in allen gesellschaftlichen und wirtschaftlichen Bereichen durch die führenden Staatsmänner „von oben" durchgesetzt. Dieser Ansatz der „gelenkten Modernisierung" ist zu einem Modell geworden, das auch in anderen ostasiatischen Ländern über die Zeiten hin geschätzt und nachgeahmt wurde, barg aber auch das Problem des Autoritarismus unter demokratischer Oberfläche in sich. Insbesondere seit den 1890er-Jahren ergänzte man in Japan die vorherige Ausrichtung an westlichen Vorbildern mit „eigenen Werten", worunter neben der Verehrung des Kaisers als von der Sonnengöttin abstammendem göttlichem Herrscher (*tennō*) auch der Konfuzianismus und die „japanische Tradition" verstanden wurden. Daher wurde neben einer nach westlichem Vorbild entwickelten Verfassung in den 1890er-Jahren auch das „kaiserliche Erziehungsedikt" erlassen, welches solche „eigenen" Werte als verbindlich festschrieb. Durch die raschen diplomatischen, wirtschaftlichen und auch militärischen Erfolge der Japaner galt das Meiji-Modell als Referenzpunkt für andere Länder Ostasiens. Japan hatte es – im Gegensatz zu China etwa – nicht nur in den 1890er-Jahren geschafft, die „Ungleichen Verträge" mit den westlichen Mächten aufzuheben, sondern seinerseits damit begonnen, das westliche Vorgehen der Kombination von Diplomatie und Druck selbst auf andere Länder Ostasiens anzuwenden. So war es Japan, das Korea 1876 „öffnete". In den frühen 1870er-Jahren hatte Japan bereits China die Ryūkyū-Inseln durch diplomatisches Geschick faktisch abgenommen. Mit dem ersten chinesisch-japanischen Krieg (1894/95) zog es dann noch Taiwan als Kriegsbeute und erste eigene Kolonie an sich und setzte sich in Korea fest, welches es schließlich 1910 ebenfalls gänzlich kolonialisierte.

Die Auswirkungen des „Meiji-Modells" in Ostasien

Trotz dieser aus der Sicht anderer ostasiatischer Länder durchaus zwiespältigen japanischen „Erfolgsgeschichte" stieß das Meiji-Modell auf große Bewunderung, hatte es doch dem „kleinen Japan" erst zu diesen Erfolgen verholfen. Bereits 1898 bezogen sich die chinesischen Reformer der gescheiterten Hundert-Tage-Reform u. a. auf das japanische Modell, um eine Lehre aus Chinas militärischem Fiasko gegenüber dem ihm einst immer wieder Tribut zollenden Japan im chinesisch-japanischen Krieg 1894/95 zu ziehen. Nach der Jahrhundertwende sorgten zahlreiche chinesische Auslandsstudenten für Übersetzungen aus dem Japanischen und Wissenstransfer in größerem Stil; ähnlich verfuhren koreanische Intellektuelle, die v. a. seit den 1880er-Jahren oft in Japan ausgebildet wurden. Entsprechend wurden in diesen Ländern häufig westliche Vorgaben erst über den japanischen „Umweg" rezipiert. Der Sieg Japans im Russisch-Japanischen Krieg 1904/05 wurde in großen Teilen Asiens und der Welt als erster Sieg eines asiatischen Landes über ein europäisch-westliches bejubelt, aber auch als Aussage über zwei Gesellschaftssysteme verstanden: Das autokratisch-rückständig-bäuerliche Russland auf der einen Seite, das neu aufstrebende, sich nach westlichem Vorbild modernisierende Japan auf der anderen. Allerdings sah man sich in Japan selbst in diesem Krieg gerade nicht als „Stellvertreter Asiens", sondern wollte sich von diesem abheben nach der schon früh in der Meiji-Zeit artikulierten Devise: „raus aus Asien". Im Hintergrund hierzu standen auch die im Westen gern angeführten „rassischen" Unterschiede zwischen den „Gelben" und den „Weißen" und die je nach Lage eingesetzte Rede von der „Gelben Gefahr". Während Japan im Laufe seiner Expansion in Ostasien im 20. Jahrhundert *innerhalb* Ostasiens diese Argumentation mit „rassischer" Verbundenheit seinerseits strategisch einsetzte, war dies als Argument „nach außen" denkbar ungünstig, wollte man in den „Club der (weißen) Starken" aufgenommen werden.

In Japans ostasiatischen Kolonien, Taiwan und Korea, profitierte man zwar auch vom „Meiji-Modell" in Hinsicht auf Industrialisierung und Modernisierung, allerdings verhinderte der Status als Kolonie einen gleichberechtigten Zugang zu den Vorteilen derselben, und sie werden daher als ambivalentes Erbe empfunden. Nach dem Zweiten Weltkrieg und dem Ende des japanischen Kolonialismus diente das japanische Modell allerdings in neuer Form wieder für Taiwan und Südkorea als Vorbild, insbesondere im Bereich der Wirtschaftspolitik.

Revolutionskonzepte zwischen Nationalismus und Internationalismus

Die in Ostasien im 19. und vor allem 20. Jahrhundert diskutierten und umgesetzten Revolutionskonzepte waren vielfältiger Natur und bewegten sich im Spannungsfeld zwischen Nationalismus und Internationalismus. Dabei verliefen die Trennlinien zwischen Nationalismus und Internationalismus nicht einfach entlang ideologischen Grenzen. So enthielt das Revolutionskonzept des „Vaters" der chinesischen Republik (gegründet 1912) und Führers der „Nationalen Volkspartei", Sun Yat-sen, ebenso internationalistische Elemente, wie in Korea das kommunistische eines Kim Il-sung sich durch nationalistische auszeichnete. „Revolution" wurde zum Schlüsselbegriff für radikale Veränderung, sei es von „links" oder von „rechts", und je nach Zeitgeist bedienten sich die unterschiedlichsten Persönlichkeiten dieser Begrifflichkeit. Ab der Wende zum 20. Jahrhundert bis in die 1920er, zum Teil in die 1930er-Jahre hinein konkurrierten nationalistische, anarchistische, sozialistische diverser Couleur, marxistische und faschistoide Revolutionskonzepte in Ostasien miteinander. Und nicht nur kommunistische Führer wie Mao Zedong in China, Kim Il-sung in (Nord-)Korea und Ho Chi-min in (Nord-)Vietnam reklamierten die „Revolution" für sich, sondern auch eher „rechts" orientierte politische Figuren wie ein Chiang Kai-shek in China, ein Kita Ikki in Japan oder ein Park Chung-hee in Südkorea.

Die Rolle des Kommunismus

Zweifelsohne haben – weltgeschichtlich betrachtet – in Ostasien der Kommunismus und Kommunistische Parteien (KP) eine besondere Rolle im 20. Jahrhundert gespielt. Sowohl in China als auch in Nordkorea und in Vietnam haben sich kommunistische Systeme Mitte des Jahrhunderts etablieren können, ebenso wie bereits in der Äußeren Mongolei. Für die Bildung vieler KPs in Ostasien war zunächst die Sowjetunion als ideologisches Vorbild sowie als organisatorische und finanzielle Stütze zentral. Die Oktoberrevolution machte den Bolschewismus zum „Siegermodell" für eine schlagkräftige Organisation zur gesellschaftlichen Umwälzung. Und die Komintern verfolgte ab 1920 die Politik der Weltrevolution auch in Ostasien. So wurden mit sowjetischer Hilfe in den frühen 1920er-Jahren fast überall KPs gegründet. Diese mussten sich im ideologischen und organisatorischen Kampf mit rivalisierenden Revolutionskonzepten (s. o.) allerdings erst durchsetzen, was nicht immer gelang. Außerdem wurden sie i. d. R. früher oder später verboten und operierten dann aus dem Untergrund. Anders als in den meisten Teilen Osteuropas entwickelten sich die ostasiatischen kommunistischen Revolutionsbewegungen v. a. seit den 1940er-Jahren zunehmend eigenständig und entwickelten von der Sowjetunion abweichende Wege. So reklamierten sowohl Mao Zedong in China als auch Kim Il-sung in Korea für sich, „eigene Wege" entwickelt zu haben, die den Kommunismus den nationalen Gegebenheiten angepasst hätten, und selbst ideologisch prägend geworden zu sein. Damit forderten sie einerseits das ideologische Monopol der Sowjetunion heraus, dessen Legitimität v. a. im Zuge der Entstalinisierung nachhaltig erschüttert wurde; andererseits verhalf es ihnen aber auch zu einer Abgrenzung, die bei der Auflösung der Sowjetunion am Ende des 20. Jahrhunderts dazu beitrug, nicht selbst in den Strudel der „Wende" gerissen zu werden und sich lokal weiter zu behaupten. Nicht umsonst hat die vietnamesische KP daher auch Ho Chi Minh nachträglich zu einem eigenständigen kommunistischen Theoretiker erhoben und sich damit ein „eigenes" theoretisches Fundament verschafft. Unter dieser Prämisse „eigenständiger" ideologischer „Weiterentwicklungen" wurde es den betreffenden kommunistischen Staaten auch möglich, politische de facto Neuausrichtungen „flexibel" in die Gesamtideologie zu integrieren und als systemkompatible kreative Anpassung an die aktuellen Verhältnisse darzustellen.

„Kampf der Systeme": Teilung und Konkurrenz

Insbesondere durch die nach dem Ende des Zweiten Weltkriegs in China, Korea und Vietnam erfolgten staatlichen Teilungen entwickelte sich im Rahmen des Kalten Krieges eine Systemkonkurrenz: Welches System ist „besser"? Die kommunistisch geführten Staaten wie die Volksrepublik China, Nord-Korea und Nord-Vietnam, oder die dem westlichen Lager zugehörenden, formal demokratischen aber de facto lange Zeit eher autoritär geführten Alternativsysteme in Taiwan, Südkorea und Süd-Vietnam bzw. die noch kolonial geführten Territorien Hongkong und Macau? Während die kommunistischen Länder mit ihren „eigenständigen" kommunistischen Wegen argumentierten, verwiesen die anderen vor allem auf ihre wirtschaftliche Entwicklung, die – mit Unterstützung vor allem der USA, die erst als Besatzungsmacht, dann als Schutzmacht in Ostasien fungierten – ab den 1960er-Jahren zu ostasiatischen „Wirtschaftswundern" führte. Neben der in diesen Jahren fulminanten Entwicklung der Wirtschaft in Japan – einem Land, in dem der Kommunismus keine ernsthafte historische „Chance" hatte – begannen auch v. a. Taiwan und Südkorea sowie die Kronkolonie Hongkong mit ihrem wirtschaftlichen Aufstieg („Tigerstaaten" bzw. „kleine Drachen"). Die materiell zunehmend besseren Lebensbedingungen wurden zum Argument der Systemüberlegenheit, während die kommunistischen Länder nach anfänglichen Erfolgen im wirtschaftlichen Bereich, die mit einer Fokussierung auf Industrialisierung und Produktionssteigerung einherging, bald z. T. mit erheblichen Schwierigkeiten kämpfen mussten. Durch eine Flexibilisierung der ideologischen Vorgaben gelang es jedoch einigen, ihren „eigenen Sozialismus" mit marktwirtschaftlichen Mechanismen auszustatten. Hier gelang vor allem in der VR China und im zwischenzeitlich (1976) kommunistisch vereinten Vietnam ein spektakulärer Wirtschaftsaufstieg seit den 1980er-Jahren. Während die Kolonien Hongkong und Macau in den späten 1990er-Jahren an China zurückfielen, wenn auch unter vorläufiger Beibehaltung ihres eigenen Systems mit weitgehender lokaler Selbstbestimmung, hatte in den verbliebenen Alternativsystemen Taiwan und Südkorea bereits in den späten 1980er-Jahren ein demokratischer Wandel eingesetzt. Derzeit ist die Systemkonkurrenz zwischen Nord- und Südkorea in der Region am stärksten ausgeprägt. Trotz mancher Parallelen zu der früher in Deutschland bestehenden Systemkonkurrenz zwischen BRD und DDR hat sich zwischen beiden koreanischen Teilstaaten noch keine dauerhafte diplomatische Annäherung durchsetzen können, die mit der innerdeutschen Entwicklung seit den 1970er-Jahren („Ostpolitik") vergleichbar wäre, auch wenn Ansätze dazu unternommen wurden (zuletzt die sog. „Sonnenscheinpolitik" Südkoreas gegenüber dem Norden). Nordkorea ist derzeit in der Region der Staat, der noch am stärksten seinem kommunistischen System „herkömmlicher" Art verhaftet ist, während die anderen kommunistischen Staaten der Region seit einiger Zeit vor allem auf „Reformen" setzen.

Reform statt Revolution?

In den meisten Ländern Ostasiens, die sich bis heute dem (kommunistisch definierten) Revolutionsideal verpflichtet sehen, hat im politischen Alltag das Konzept „Reform" inzwischen das stärkere Gewicht und dominiert auch offiziell. Allerdings spiegeln sich interne politische Spannungen häufig in Diskussionen um die beiden Konzepte „Reform" und „Revolution". In der Regel wird zwischen dem eher rhetorischen Festhalten am Revolutionsideal als historischer Legitimation der Machteroberung und dem vor allem auf die Wirtschaftspolitik bezogenen Reformkonzept für die gesellschaftliche gegenwärtige Praxis unterschieden. Damit versucht man das Problem zumindest vordergründig durch funktionale „Arbeitsteilung" der beiden Begriffe zu lösen. In anderen Teilen Ostasiens hat das Revolutionsideal ohnehin keine längerfristige Wirkung ausgeübt, sondern „Reform" war dort das durchgängig dominierende Konzept.

Inhaltliche Schwerpunkte und Problemorientierung im Unterricht

- die Krise Chinas im 19. und 20. Jahrhundert als Herausforderung für Ostasien
- die Meiji-Reformen und ihre Wirkung auf Ostasien
- eigenständige Wege des Kommunismus in Ostasien (Mao Zedong, Kim Il-sung, Ho-Chi-min)
- Kalter Krieg und Systemkonkurrenz
- *In welcher Weise haben Reform- und Revolutionskonzepte die Entwicklung Ostasiens bestimmt?*

Literaturhinweise

Frank, Rüdiger: Der Sozialismus als alternative Modernisierungsstrategie in der Volksrepublik China und in Nordkorea. In: Linhart, Sepp/Weigelin-Schwiedrzik, Susanne (Hrsg.): Ostasien im 20. Jahrhundert. Geschichte und Gesellschaft. Wien: Promedia, 2006. S. 115-132.

Schwentker, Wolfgang: Die historischen Voraussetzungen „erfolgreicher" Modernisierung: Japan 1600-1900. In: Linhart, Sepp/Weigelin-Schwiedrzik, Susanne (Hrsg): Ostasien 1600-1900. Geschichte und Gesellschaft. Wien: Promedia, 2004. S. 245-267.

5. Kolonialismus

> **Modulziele**
>
> Die Schüler sollen lernen, in welchen besonderen Formen der Kolonialismus in Ostasien aufgetreten ist, die in anderen Weltregionen so nicht existierten. Sie sollen zwischen frühmodernen Formen („duale Herrschaft") und modernen Formen (Konzessionen, „Ungleiche Verträge", direkte Kolonialherrschaft) unterscheiden lernen. Sie sollen am Beispiel Japans lernen, dass Kolonialismus nicht nur von westlichen Mächten ausging.

Welthistorische Einordnung

Kolonien entstehen durch Invasion, das heißt entweder Eroberung oder Besiedlung eines Gebietes, das zuvor nicht von dem Träger dieser Invasion abhängig war. Kolonialismus zielt darauf ab, im einseitigen Interesse der Kolonisatoren dauerhafte neue Abhängigkeiten zu schaffen, und zerstört oder ignoriert dabei mutwillig vorhergehende Abhängigkeiten oder Freiheiten der Kolonisierten.

An dieser Definition gemessen, ist in Ostasien Kolonialismus nur im 19. und 20. Jahrhundert aufgetreten. Welthistorisch außergewöhnlich ist dabei, dass es außer dem global agierenden europäischen Kolonialismus auch einen eigenen ostasiatischen, nämlich den japanischen, gegeben hat. Allerdings muss dieser Befund noch um ostasiatische Besonderheiten ergänzt werden, die an vor dem Zeitalter des Imperialismus an den Begriff „duale Herrschaft" und danach an die Begriffe „Konzession" und „Politik der Offenen Tür" geknüpft sind. In der chinesischen marxistischen Geschichtsauffassung wird der Zustand Chinas zwischen der Mitte des 19. und des 20. Jahrhunderts zudem als „halb-kolonial und halb-feudal" bezeichnet. Damit soll ausgedrückt werden, dass die progressiven (marxistischen) Kräfte gleichzeitig gegen innere Rückständigkeit und Unterdrückung und gegen äußere imperialistische Ausbeutung kämpfen mussten, ohne dass China seine formale Unabhängigkeit verlor.

„Duale Herrschaft" I: Macau und Formosa/Taiwan vor dem 19. Jahrhundert

Ab 1498 stand den Portugiesen, später auch den Spaniern, Niederländern und Briten der Seeweg nach Asien offen. Die Portugiesen erreichten 1514 China und 1543 Japan. 1557 übertrug ihnen das chinesische Ming-Reich die Verwaltung über die Hafenstadt Aomen, das die Portugiesen Macau nannten. Die 1609 gegründete holländische Vereinigte Ostindische Kompanie (VOC) trat 1622 in Beziehungen mit dem chinesischen Ming-Reich, versuchte vergeblich, Macau von den Portugiesen zu erobern, und erhielt 1624 die Erlaubnis, einen Stützpunkt im Südwesten der Insel Taiwan (von den Europäern Formosa genannt) zu gründen. Auch die Spanier, die über die von ihnen Mitte des 16. Jahrhunderts in Besitz genommenen Philippinen ein transpazifisches Handelsnetz knüpften, versuchten, sich auf Formosa niederzulassen, wurden aber 1642 von den Niederländern vertrieben. 1662 eroberte jedoch eine chinesische Händlerfamilie, die gegen die inzwischen erfolgte Eroberung Chinas durch die Mandschu Widerstand leistete, die Insel, beendete die Herrschaft der VOC und gründete dort ein kurzlebiges Königreich.

Die Herrschaft der VOC über Formosa/Taiwan war zwar kurz, aber wegweisend für spätere Kolonisierungsstrategien. Die Niederländer führten teils grausame Strafexpeditionen gegen aufsässige Ureinwohner durch, begannen mit der Einführung eines Steuersystems und gaben die einheimischen Wildbestände zur Bejagung frei. Sie förderten die Migration chinesischer Siedler vom Festland und begannen mit ihrer Hilfe mit dem Anbau von Zuckerrohr für den Export.

Weder Macau noch Formosa waren jedoch Kolonien im eigentlichen Sinne: Sie waren nicht gewaltsam erobert worden und auch keine Siedlungskolonien, sondern Handelsstützpunkte ohne exklusive Bindung an ihr europäisches „Mutterland". Macau wurde zwar von den Portugiesen verwaltet, musste aber dem chinesischen Kaiserhof eine jährliche Pachtgebühr zahlen und gehörte aus chinesischer Sicht fest zum chinesischen Kaiserreich. Sowohl die Portugiesen als auch die Holländer waren für die Chinesen keine gleichberechtigten außenpolitischen Partner, sondern wurden ähnlich wie die ostasiatischen Piraten angesehen, mit denen China des Öfteren vergleichbare Abkommen über begrenzte Herrschaftsbefugnisse traf. Erst im chinesisch-portugiesischen Vertrag von 1887, der als einer der „Ungleichen Verträge" aus dem Zeitalter des Imperialismus gilt, trat China formell Macau auf ewige Zeiten an Portugal ab. Nach chinesischem Verständnis bezog sich dies jedoch nur auf die Verwaltung der Hafenstadt, nicht auf die chinesische Souveränität. 1987 vereinbarten Portugal und die Volksrepublik China die Rückgabe Macaus; sie erfolgte 1999.

„Duale Herrschaft" II: Das Königreich Ryūkyū

Im 15. Jahrhundert entstand das nördlich Taiwans gelegene Königreich der Ryūkyū-Inseln. Es war eine wichtige Drehscheibe für den Handel zwischen Japan, Korea und China, aber auch den Philippinen und weiteren Teilen Südostasiens. Der König von Ryūkyū wurde von den chinesischen Reichen als Tributkönig anerkannt; das heißt, er stand unter der Souzeränität (Oberherrschaft) des Kaisers von China. Allerdings machte auch Japan Herrschaftsansprüche geltend. 1592 befahl der im Namen des japanischen Kaisers regierende Toyotomi Hideyoshi den Ryūkyū-Inseln, sich an seiner Invasion der koreanischen Halbinsel zu beteiligen. Der König von Ryūkyū lehnte dies ab, woraufhin sich das Verhältnis zu Japan rapide verschlechterte.

Später wurde auch eine Einladung an den Hof des neuen japanischen Machthabers, des *Shōgun* Tokugawa Ieyasu, ausgeschlagen. Daraufhin erteilte Tokugawa Ieyasu 1609 dem Fürsten von Satsuma auf Kyūshū den Befehl, die Ryūkyū-Inseln zu erobern. Satsuma annektierte einen Teil des Königreichs. Der König von Ryūkyū wurde formell ein Vasall des Fürsten von Satsuma, der wiederum ein Vasall des *Shōgun* war. Obwohl Satsuma großen Einfluss auf die Verwaltung des Königreiches ausübte, blieb die Tributbeziehung zur China jedoch bestehen. Im Aus- und Inland wurde der Eindruck erweckt, Ryūkyū sei kein Teil Japans. Japaner durften sich dort nur mit offizieller Genehmigung ansiedeln. Nach der Abschaffung der japanischen Fürstentümer durch die Meiji-Regierung behielt das Königreich Ryūkyū 1872 zunächst einen Sonderstatus, wurde jedoch 1879 gegen heftigen Prostest des einheimischen Adels und auch Chinas als Präfektur endgültig inkorporiert.

Auch die Ryūkyū-Inseln fallen demnach nicht unter die klassische Definition einer Kolonie, kommen ihr aber in politischer Hinsicht nahe. Heute fasst man sie auch als „innere Kolonie" auf.

Konzessionen im 19. Jahrhundert

Im 19. Jahrhundert erzwangen die europäischen Mächte und die USA die Integration Ostasiens in die von ihnen dominierte Weltwirtschaft – zu ihren Bedingungen. Anders als in Afrika oder Südostasien verzichteten sie dabei aber auf die Einrichtung großflächiger Kolonien. Mit dem Instrument der „Ungleichen Verträge" schufen sie die formaljuristische Form für asymmetrische Handelsbeziehungen, die ihnen größtmögliche Profite (über die einseitige Beschneidung der Zollhoheit und die Meistbegünstigungsklausel) und größtmögliche Sicherheit (über Exterritorialität, Konsulargerichtsbarkeit und die Stationierung von Schutztruppen) versprachen. „Konzessionsgebiete" in Schlüsselregionen für den Außenhandel (Kanton, Shanghai,

Hankou, Tianjin, Beijing, Yokohama, Kōbe) entwickelten sich zu quasikolonialen Zonen westlicher Herrschaft. Architektonischer Ausdruck der westlichen Dominanz war die mit dem ursprünglich indischen Wort „Bund" bezeichnete Prachtpromenade in vielen Außenhandelshäfen (sie ist heute noch in Shanghai erhalten): Hier hatten die Vertretungen der Zollbehörden, Banken und Reedereien ihren Sitz, die den Anschluss Ostasiens an den Welthandel organisierten.

1842 gewann Großbritannien nach dem Ersten Opiumkrieg die Insel Hong Kong, die 1843 britische Kronkolonie wurde. 1860 vergrößerte sich die Kolonie, als China zusätzlich die Halbinsel Kowloon abtrat.

1884 bis 1885 führten China und Frankreich Krieg um die Vorherrschaft über Vietnam. China unterlag und musste die Souzeränität über Vietnam an Frankreich abtreten. 1887 gründete Frankreich unter dem Namen „Indochinesische Union" sein Protektorat über die verschiedenen Teile Vietnams.

Die übrigen, als „Konzessionen" bezeichneten europäischen Besitzungen besaßen den Status eines Pachtgebiets. Keine von ihnen war eine Siedlungskolonie.

Nach dem ersten Japanisch-Chinesischen Krieg intervenierten Russland, Frankreich und Deutschland 1895 zwar gegen die von Japan geforderte Abtretung der Liaodong-Halbinsel. Sie okkupierten wenig später in der als „Schlacht um Konzessionen" bezeichneten Phase imperialistischer Außenpolitik jedoch selbst wichtige chinesische Gebiete:

Das Deutsche Reich nahm 1896 die Ermordung deutscher Missionare zum Anlass, eine Kriegsflotte nach Ostasien zu entsenden und China zur Abtretung des Hafens Qingdao (deutsche Umschrift: Tsingtau) zu zwingen. Der Pachtvertrag sollte 99 Jahre laufen. Tatsächlich verlor Deutschland dieses „Schutzgebiet" 1914 im Ersten Weltkrieg an Japan. 1922 fiel Qingdao an China zurück.

Frankreich besetzte 1898 die Region um die Guangzhouwan-Bucht südlich von Kanton. 1899 trat China das Gebiet für 99

Jahre als Pachtgebiet ab. Frankreich verlor es 1943 an die projapanische Regierung von Wang Jingwei.

Russland pachtete ebenfalls 1898 den Süden der Liaodong-Halbinsel mit dem strategisch wichtigen Marinestützpunkt Port Arthur sowie der Hafenstadt Dalni (russ. Fern), die zum Endpunkt der Südmandschurischen Eisenbahn wurde. Nach seiner Niederlage im Krieg gegen Japan verlor Russland diese Besitzungen 1905 an Japan.

Gleichfalls 1898 pachtete Großbritannien den Kriegshafen Weihaiwei im Gelben Meer; er sollte als Gegengewicht zum russischen Port Arthur dienen. 1930 wurde er an China zurückgegeben. Zudem pachtete Großbritannien die „New Territories" genannten Festlandsteile und Inseln rund um Hongkong und vergrößerte damit seine dortige Kolonie erheblich. Alle Teile Hongkongs wurden 1997, nach dem Ablauf der 99-jährigen Pachtdauer für die „New Territories", der Volksrepublik China zurückgegeben.

Die „Politik der Offenen Tür" in China

Die gewaltsame Niederwerfung der im Westen als „Boxer-Rebellion" bekannten, antiwestlichen Aufstandsbewegung 1899-1900 gab den Westmächten und Japan Gelegenheit, China zu weiteren Souveränitätsverzichten zu zwingen und ihren Einfluss auszuweiten. Allerdings erreichten die USA, dass sich die an China interessierten Mächte 1900 auf eine „Politik der Offenen Tür" einigten. In ihren chinesischen „Interessensphären" sollten alle imperialistischen Mächte dieselben Zutrittsrechte genießen, aber Chinas territoriale Integrität sollte in Zukunft gewahrt bleiben. (Ein Vorläufer dieser Politik war die 1885 auf der Berliner Konferenz für den Kongo gefundene Regelung.)

Japans Herrschaft über Taiwan

Nach der chinesischen Niederlage im Krieg gegen Japan 1894-1895 trat China die Insel Taiwan an Japan ab. Die Einwohner von Taiwan leisteten Widerstand und erklärten sich für unabhängig, doch dem japanischen Militär gelang es, die Insel zu besetzen. Allerdings fanden noch bis in die 1930er-Jahre Aufstände vor allem der nichtchinesischen Ethnien statt, die gegen die Bedrohung ihrer traditionellen Lebenswelt durch die von Japan betriebene Umgestaltung der Insel protestierten. Etwa 300 000 Japaner lebten unter 3 bis 5 Mio. Taiwanern. Die Japaner setzten eine Landreform durch, führten die Schulpflicht ein, modernisierten den Städtebau und errichteten Eisenbahnlinien, Wasserkraftwerke und Stauseen, die zum Aufbau einer exportorientierten Landwirtschaft beitrugen. Seit den 1930er-Jahren begann die Industrialisierung im Zeichen der japanischen Kriegswirtschaft. Die Bodenschätze der Insel wurden zum Vorteil der japanischen Wirtschaft erschlossen. Taiwan wurde zu einem Umschlagplatz für den Handel und Transport mit Lebensmitteln und Stahl. Taiwan war zwar ein Teil Japans, aber die japanische Verfassung galt hier nicht. An der Spitze der japanischen Verwaltung stand bis 1919 ein hoher Armeeoffizier als Generalgouverneur. Ein Teil der chinesischstämmigen Eliten unterstützte die japanische Kolonialverwaltung, vor allem im Bildungswesen und im Gesundheitssektor. Manche nahmen japanische Namen an. 1935 wurde ein lokales Parlament gewählt, 1945 erhielt Taiwan erstmals Abgeordnete im japanischen Parlament. Während des Zweiten Weltkrieges wurde die Wehrpflicht eingeführt. Taiwan wurde zu einem wichtigen militärischen Stützpunkt ausgebaut. Mit der Niederlage endete Japans Kolonialherrschaft. Es war den Japanern zwar nicht gelungen, aus den Einwohnern der Insel Japaner zu machen; doch das nachhaltigste Ergebnis der Kolonialzeit war die Entstehung einer eigenständigen taiwanischen Identität.

Japans Herrschaft über Korea

Die Siege in den Kriegen gegen China 1894-1895 sowie gegen Russland 1904-1905 gab Japan weltpolitisch freie Hand, um sich Korea zu unterwerfen. 1905 wurde Korea zum japanischen Protektorat: Die Verantwortung für die Außenpolitik ging auf Japan über, ein japanischer Generalresident nahm Einfluss auf die koreanische Innenpolitik. 1910 erzwang Japan den auf Japanisch so genannten „Anschluss" Koreas: Der koreanische Monarch übertrug seine Recht auf den japanischen Kaiser, Korea wurde zur japanischen Provinz. Die völkerrechtliche Gültigkeit der Verträge von 1905 und 1910 ist umstritten. Wie auch im Falle Taiwans galt die japanische Verfassung hier nicht. Die Verwaltung stand unter der Leitung von Generalgouverneuren, die ausnahmslos hohe Militärs waren. Bis 1919 regierten das Militär und seine Militärpolizei mit harter Hand. Ein Teil der koreanischen Patrioten leistete bewaffneten Widerstand, der sich jedoch bald in das mandschurische Grenzgebiet verlagerte. 1919 kam es zu öffentlichen Kundgebungen für die Unabhängigkeit Koreas. Daraufhin änderte die Kolonialverwaltung ihre Politik und versprach, die koreanische Kultur zu achten und den Lebensstandard der Bevölkerung zu heben. Die Zensur wurde gelockert, Versammlungs- und Vereinigungsfreiheit teilweise hergestellt. Die Reisproduktion wurde angekurbelt; allerdings wurde der Großteil des Reises nach Japan exportiert. Japaner kauften in großem Umfang Land auf, obwohl die Zuwanderung japanischer Bauern sich in Grenzen hielt. 1945 lebten 900 000 Japaner (darunter viele Militärs und Beamte mit ihren Familien) unter 25 Mio. Koreanern. Umgekehrt hielten sich 1945 rund 2 Mio. Koreaner in Japan auf; die meisten als Industriearbeiter. Neue Industrien entstanden, das Eisenbahnnetz wurde ausgebaut. In den Großstädten entstanden Viertel nach japanischem Vorbild. Die japanische Sprache war die Hauptsprache im Bildungswesen. Später wurde der Gebrauch der koreanischen Sprache in den Schulen verboten. 1940 wurde angeordnet, dass die

Koreaner zusätzlich zu ihrem Sippennamen einen Familiennamen annehmen und sich damit dem in Japan geltenden Familiensystem anpassen mussten. Drei Viertel der Bevölkerung fügten sich; ein Teil von ihnen ließ sich unter japanischen Namen registrieren.

Ein Teil der koreanischen Elite unterstützte die japanische Kolonialherrschaft und bekleidete Posten in Polizei, Verwaltung und Schulwesen. Ab 1938 dienten Koreaner als Freiwillige im japanischen Militär. 1944 wurde wie auf Taiwan die allgemeine Wehrpflicht eingeführt. Ab August 1944 wurden Frauen in Japan und in den japanischen Kolonien zum Dienst in militärischen Produktionsanlagen verpflichtet. Eine beträchtliche Zahl koreanischer Frauen musste als sogenannte Trostfrauen unter menschenrechtsverletzenden Bedingungen in Militärbordellen arbeiten.

Korea wurde 1945 von der japanischen Kolonialherrschaft befreit. Die Pläne der Siegermächte sahen ursprünglich eine längere Treuhandherrschaft vor, doch setzten die pro-amerikanische Unabhängigkeitsbewegung im Süden des Landes und ihre kommunistischen Rivalen im Norden 1948 die Gründung Süd- bzw. Nordkoreas durch.

Inhaltliche Schwerpunkte und Problemorientierung im Unterricht

- Frühneuzeitliche europäische Kolonialisierungsstrategien in Ostasien: die „duale Herrschaft"
- Politik der „Ungleichen Verträge" und Politik der „Offenen Tür" im 19. Jahrhundert
- japanischer Kolonialismus in Ostasien im 20. Jahrhundert
- *In welchem Sinne hat der Kolonialismus die Entwicklung in Ostasien beeinflusst?*

Literaturhinweise

Fröhlich, Thomas/Liu, Yishan: Taiwans unvergänglicher Antikolonialismus: Jiang Weishui und der Widerstand gegen die japanische Kolonialherrschaft. Bielefeld: Transcript, 2011.

Heé, Nadine: Imperiales Wissen und koloniale Gewalt. Japans Herrschaft in Taiwan 1895-1945. Frankfurt/M.: Campus, 2012.

Kleinschmidt, Harald: Das europäische Völkerrecht und die ungleichen Verträge um die Mitte des 19. Jahrhunderts. München: Iudicium, 2007.

Osterhammel, Jürgen/Jansen, Jan C.: Kolonialismus: Geschichte, Formen, Folgen. München: C.H. Beck, 7. Aufl. 2013.

6. Ostasien in der Weltwirtschaft

> **Modulziele**
> Dieses Modul gibt einen Überblick über die Geschichte der Beziehungen der Wirtschaft Ostasiens mit dem Rest der Welt. Die Schüler sollen lernen, dass die ostasiatische Wirtschaft seit Beginn der Frühen Neuzeit zunehmend in die Weltwirtschaft eingebunden war, und eine nicht einseitig auf Europa zentrierte Sicht der Globalisierung entwickeln.

Übersicht

Ostasien ist seit dem Altertum einer der wichtigsten Wirtschaftsräume der Menschheit. Beziehungen zu anderen Weltregionen, insbesondere Europa, haben stets bestanden, wenngleich in unterschiedlicher Intensität. Die Aussichten auf Handelsprofite begünstigten das Entstehen von Piraterie in großem Umfang, deren Kontrolle zwischen dem 14. und 19. Jahrhundert ein wichtiges Anliegen der ostasiatischen Staaten war. Ein in Europa unbekanntes Mittel der Handelskontrolle wurde der von China ausgehende Tributhandel, der allerdings an der Dynamik des im 16. Jahrhundert aufgekommenen Transpazifischen Handels scheiterte. Die Versuche der frühmodernen ostasiatischen Staaten, durch rigide Reglementierungen ihre heimischen Märkte zu schützen, endeten durch die gewaltsam erzwungene Marktöffnung im 19. Jahrhundert. Seit dieser Zeit konkurrieren die modernen ostasiatischen Staaten untereinander und mit den westlichen Wirtschaftsmächten um Weltmarktpositionen. Seit dem Ende des Kalten Krieges schreitet aber auch die Integration der Märkte rasch voran.

Fernhandel in Antike und Mittelalter

Handelsbeziehungen zwischen Ostasien und dem Rest der Welt, insbesondere Europa, hat es zwar seit dem Altertum stets gegeben. Jedoch fiel ihre Intensität in den einzelnen historischen Perioden äußerst unterschiedlich aus. So beschränken sich die Kontakte zum Beispiel des römischen Reiches mit dem chinesischen Reich auf den sporadischen, im Umfang kaum nennenswerten Austausch von Luxusgütern. Die Römer waren an chinesischer Seide interessiert, die Chinesen vor allem an römischem Glas. Für die mehr oder weniger festliegenden Handelsrouten zu Land und zu See wurde deshalb später der Name Seidenstraßen gefunden.

Sofern die chinesischen Dynastien seit der Tang-Zeit ihre Handelsbeziehungen im Rahmen des so genannten Tributhandels (hierzu siehe 2. Ostasiatische Weltordnung) gestalteten, konzentrierte sich der Außenhandel der ostasiatischen Staaten auf den innerasiatischen Verkehr. Von einem weltwirtschaftlichen System kann daher erst die Rede sein, als die Mongolen im 13. Jahrhundert ihr eurasiatisches Imperium errichteten. Für etwa 100 Jahre standen die einzelnen Teile des mongolischen Herrschaftsgebietes und ihre Peripherien in engen, kriegerischen wie friedlichen Beziehungen, die regelmäßig auch wirtschaftliche Hintergründe besaßen. Über muslimische Händler fand ein reger Handel im zentralasiatischen, südasiatischen und südostasiatischen Raum statt; China finanzierte dabei mit großen Mengen an Silber sowie Bronzemünzen den Import exotischer Früchte, Hölzer und Pflanzen. Auch europäische Händler, zum Beispiel aus Venedig, waren in dieses Handelssystem eingebunden.

Piraterie

Nach dem Zusammenbruch der mongolischen Herrschaft verstärkten sich vor allem maritime Handelsaktivitäten, die von den neu konsolidierten ostasiatischen Reichen vielfach als Piraterie und Bedrohungen ihrer eigenen Wirtschaftspolitik wahrgenommen wurden. Am Ende des 14. Jahrhunderts wurde dieses Problem der ostasiatischen Piraten, von denen viele ihre Stützpunkte auf den westlichen Inseln Japans besaßen und die deshalb zumeist als „japanische Piraten" bezeichnet wurden, so heftig, dass der koreanische Königshof und der chinesische Kaiserhof der Ming-Dynastie polizeiliche Gegenmaßnahmen ergriffen. Korea, das seit 1392 den Namen Chosŏn trug, führte 1419 eine Strafaktion gegen die japanische Insel Tsushima durch. Japanischen Händlern wurde der Aufenthalt in Korea nur in dafür vorgesehenen Wohn- und Handelsplätzen gestattet. Japan wiederum betraute die Fürsten der Insel Tsushima exklusiv mit der Wahrnehmung der Beziehungen zu Korea. Im 15. Jahrhundert bildete sich auf den Ryūkyū-Inseln ein Königreich, das seinen Reichtum seiner Stellung als Drehscheibe im Handel zwischen Ost- und Südostasien verdankte.

Tributhandel vom 14. bis 16. Jahrhundert

Zu Beginn der chinesischen Ming-Dynastie lag der Überseehandel weitgehend in den Händen privater Großfamilien. 1371 untersagte allerdings der erste Kaiser der Ming-Dynastie den privaten Seehandel. An die Stelle der eigennützigen Kaufleute sollte getreu der konfuzianischen Vorstellung ein dem Gemeinwohl verpflichteter Staatshandel treten. Die Kontrolle des staatlichen Außenhandels ging für die folgenden Jahrzehnte in die Hände der am Kaiserhof tätigen Eunuchen über. Einer von ihnen, der muslimische Admiral Zheng He, führte Anfang des 15. Jahrhunderts mehrere aufwendige Fahrten durch, welche ihnen über Südostasien bis an den Persischen Golf und die Ostküste Afrikas führten. Staaten, die Handelsbeziehungen zu China unterhalten wollten, wurde abverlangt, sich offiziell in eine Tributbeziehung zu China zu begeben. Wenn sie dies getan hatten, verhandelten sie mit dem chinesischen Hof über die

Zahl der Gesandtschaften und das Volumen des Handels, welche ihnen unter den Bedingungen dieses so genannten Tributhandels zugestanden wurden. Den Gesandten der Tributstaaten wurde nun eine entsprechende Anzahl von Gutscheinen übergeben, die ihre Schiffe beim Anlaufen chinesischer Handelshäfen vorlegen und abgeben mussten.

Korea sah sich schon seit langem als chinesischer Tributstaat, und am Ende des 14. Jahrhunderts ließen sich auch die politischen Machthaber in Japan (*Shōgune*) vom Ming-Hof als „Könige von Japan" anerkennen und gingen damit eine Tributbeziehung zu China ein; ihr Ziel war es dabei, von den zu erwartenden Profiten des Außenhandels zu profitieren. Gleichzeitig bekämpften sie die zu einem großen Teil von Japan ausgehende Piraterie. Als Resultat wurde ganz Ostasien im 15. Jahrhundert zum Teil des Welthandelssystems, in dem China eine zentrale Rolle einnahm. Außer Handelsgütern verbreiteten sich in diesem System unter anderem auch schriftliches Wissen, religiöse Lehren, medizinische Techniken, Musik und Musikinstrumente sowie Tiere und Pflanzen.

Transpazifischer Handel im 16. und 17. Jahrhundert

Eine neue Qualität gewann der Welthandel, als die Spanier und Portugiesen im späten 15. und 16. Jahrhundert Seerouten nach Asien und Amerika entdeckten. Sie griffen fortan, bald ergänzt durch Engländer, Franzosen und Holländer, in den asiatischen Handelsraum ein und durchbrachen damit das Prinzip des Tributhandels. 1514 erreichten die Portugiesen China, 30 Jahre später auch Japan und Taiwan.

Die brutale Ausbeutung der Menschen und der Bodenschätze Südamerikas insbesondere durch Spanien führte zur Entstehung des transpazifischen Handelsraumes. Mitte des 16. Jahrhunderts begann die Ausbeutung der mittel- und südamerikanischen Silbervorkommen. Die in Südamerika geprägten Silbermünzen wurden über die spanischen Philippinen für den

Zahlungsverkehr in Ostasien genutzt. Da zur selben Zeit Edelmetallvorräte insbesondere Japans zur Neige gingen, wurden die südamerikanischen Münzen bald zur Finanzierung der chinesischen Wirtschaft populär. Die Ming-Dynastie erhob seit Ende des 16. Jahrhunderts ihre Steuern nur noch in Silberwährung. Gleichfalls war von herausragender Bedeutung, dass über den transpazifischen Handel Nutzpflanzen nach Ostasien gelangten, welche die dortige Landwirtschaft, aber auch die Esskultur stark veränderten. Dazu gehörten das Zuckerrohr, die Kartoffel, die Tomate, der Mais und der Tabak. Zusammen mit technologischen Entwicklungen trug dies in den folgenden Jahrhunderten auch zu einem starken Bevölkerungswachstum in Ostasien bei. Als die Herrschaft der Ming-Dynastie ab dem Ende des 16. Jahrhunderts immer schwächer wurde, traten im Südchinesischen Meer erneut private, von den staatlichen Autoritäten als Piraten betrachtete Händlerfamilien auf, die weite Teile des maritimen Handels unter ihre Kontrolle brachten. Die europäische Seite war vor allem am Bezug ostasiatischen Porzellans interessiert, dessen Herstellungsweise ihnen bis Anfang des 18. Jahrhunderts unbekannt war. Zu den wichtigsten Produktionsstandorten gehörten Jingdezhen in Südchina, wo bereits seit dem 11. Jahrhundert zahlreiche Brennöfen in kaiserlicher Regie bestanden, und Arita auf der japanischen Insel Kyūshū, wo seit dem frühen 17. Jahrhundert mit Hilfe koreanischer Kriegsgefangener eine exportorientierte Porzellanindustrie aufgebaut wurde. Iberische, holländische und britische Händler brachten die ostasiatischen Produkte nach Übersee. Die Entwicklungen in diesem Zeitraum lassen sich als eigentlicher Beginn der bis heute anhaltenden Globalisierung verstehen.

Handelskompanien und Schmuggelhandel im 17. bis 19. Jahrhundert

Im 17. Jahrhundert setzten sich England und die Niederlande gegen die iberische Konkurrenz durch; der transpazifische Handel verlor deshalb an Bedeutung. Die 1602 gegründete und mit staatlichen Hoheitsrechten ausgestattete niederländische Vereinigte Ostindien-Compagnie (VOC) kontrollierte bis 1798 den süd- und südostasiatischen Handelsraum. Vorübergehend siedelte sie sich auf Taiwan an. In Japan besaß sie als einzige Vertreterin Europas einen Handelsstützpunkt auf der Insel Dejima vor Nagasaki. Aus Ostasien exportierte sie vor allem Tee, Seide, Keramik und Porzellan nach Europa. Im späten 18. Jahrhundert verlor die VOC ihre Stellung an England, das von nun an seinen Einfluss insbesondere in Indien ausweitete. Die britische Ostindien-Kompanie (East India Company) beherrschte die Wirtschaft Bengalens und beteiligte sich von dort aus am Handel mit China. Der Kaiserhof der seit dem frühen 17. Jahrhundert China beherrschenden Qing-Dynastie konzentrierte Mitte des 18. Jahrhunderts den gesamten Überseehandel auf den Hafen von Kanton, den einzigen Ort, an dem sich Europäer niederlassen durften.

Freilich entstand daneben ein von chinesischer Seite aus kaum zu kontrollierender Schmuggelhandel. Denn wegen der enormen Nachfrage nach Tee in Europa war der englische Handel stark defizitär. Deshalb produzierten die Engländer in Bengalen Opium und setzten es sowohl als Zahlungsmittel für chinesische Produkte als auch zum Verkauf gegen chinesisches Silber ein. Dies widersprach jedoch chinesischen Gesetzen, und der Abfluss von Silber stürzte die chinesische Wirtschaft in eine schwere Krise. Der britische Opiumhandel gefährdete daher die Autorität und die Finanzen des chinesischen Kaiserreichs, das ohnehin nach einer langen Phase des Bevölkerungswachstums an die Grenzen seiner wirtschaftlichen und sozialen Entwicklung gestoßen war.

Erzwungene Integration im 19. Jahrhundert

Der Versuch Chinas, sich gegen den Opiumhandel zu wehren, führte 1840 zum Ersten Opiumkrieg gegen England. Nach seiner Niederlage musste China sich dem Welthandel öffnen. Dies bedeutete faktisch, dass europäische Mächte unter den Bedingungen der „Ungleichen Verträge" mit China zu besonders günstigen Bedingungen Handel treiben konnten. Als China gegen diese Ausbeutung hinhaltenden Widerstand leistete, lösten England und Frankreich den Zweiten Opiumkrieg aus und setzten in neuen Verträgen noch günstigere Bedingungen für sich durch, die wegen der Meistbegünstigungsklausel auch für alle anderen westlichen Vertragsstaaten galten. In der Folge weitete sich zwar Chinas Ausfuhr von Tee und Seide zunächst aus, und die Seidenindustrie wuchs zur größten chinesischen Industrie heran. Doch da seit den 1860er-Jahren auch Japan sich für den Welthandel öffnen musste, seine Industrialisierung jedoch mit ungleich größerem Nachdruck verfolgte und dabei höhere Qualitätsstandards einführte, verlor China seinen Vorrang auf dem Weltmarkt für Seide schließlich an Japan. In Japan wie in China herrschte der höchste Modernisierungsdruck in den für den Außenhandel geöffneten Hafenstädten wie Yokohama, Kōbe und Shanghai.

Japan als Weltwirtschaftsmacht bis 1945

Der Zusammenbruch des chinesischen Kaiserreichs 1912 und die innere Zerrissenheit der Republik erleichterten es den imperialistischen Mächten, ihre Wirtschaftsinteressen zu verfolgen, und halfen Japan, sich ab dem Ersten Weltkrieg zur führenden Wirtschaftsmacht in Ostasien aufzuschwingen. Japanische Banken dominierten die ostasiatischen Finanzmärkte, japanische Reedereien und von Japan kontrollierte Eisenbahn- und Telekommunikationsgesellschaften beherrschten die Verkehrswege in Nord- und Südostasien. Die teilweise aus chinesischen

Kriegsreparationen finanzierte japanische Stahlindustrie lieferte die hierfür nötigen Anlagen und Maschinen. Auch die Bodenschätze der japanischen Kolonien sowie der japanisch kontrollierten Mandschurei wurden hierfür genutzt. Beispielsweise beherrschte Japan zwischen 1900 und 1940 den Weltmarkt für Kampfer, ein wichtiges Ausgangsprodukt zur Herstellung von Zelluloid, den ersten industriell eingesetzten Kunststoff, weil es die Kampferwälder auf der Insel Taiwan als das weltweit nahezu einzige Reservoir dieses Rohstoffes unter Monopolverwaltung stellte. Japan wurde auf vielen Feldern des Welthandels gleichberechtigter Konkurrent der europäischen Mächte und der USA.

Seit den 1930er-Jahren verschlechterte sich allerdings Japans Verhältnis insbesondere zu den angelsächsischen Mächten, weil es die von diesen gewollte Politik der Offenen Tür in China nicht mehr akzeptierte, sondern dort seine eigenen Interessen einseitig durchsetzen wollte. 1938 verkündete Japan seine Absicht, China, Japan (unter Einschluss Koreas) und die Mandschurei zu einem wirtschaftlichen Block zusammenzuschließen (Yen-Block). Gleichzeitig wurden sämtliche wirtschaftlichen Aktivitäten unter dem Schlagwort der Generalmobilmachung der Kriegswirtschaft untergeordnet. Mit diesen Plänen näherte sich Japan der Wirtschaftsideologie des damaligen nationalsozialistischen Deutschlands. Als die USA und ihre Verbündeten 1941 ein Wirtschaftsembargo gegen Japan verhängten, um es zum Rückzug aus China zu zwingen, griff Japan die USA und gleichzeitig die europäischen Kolonien in Südostasien an, um sich deren wirtschaftlicher Ressourcen zu bemächtigen. Außerdem rief es eine Groß-Ostasiatische Wohlstandszone aus, die vom Rest der Weltwirtschaft unabhängig sein sollte. Japans Niederlage im Zweiten Weltkrieg vereitelte diese Pläne.

Wiederaufbau im Kalten Krieg und Globalisierung

Der wirtschaftliche Wiederaufbau in Ostasien nach dem verheerenden Weltkrieg und nach den Bürgerkriegen in China und Korea stand unter dem Zeichen des Kalten Krieges. Die USA förderten deshalb die wirtschaftliche Rehabilitation Japans, dessen Industrie während des Korea- und des Vietnamkrieges von den Sonderbeschaffungen der amerikanischen Armee und ihrer Verbündeten profitierte. Auch der Wiederaufbau der südkoreanischen Wirtschaft geschah mit amerikanischer Hilfe. Die Einbindung in den Westblock hatte zur Folge, dass Japan und Südkorea rasch gute Wirtschaftsbeziehungen zu den westeuropäischen Verbündeten der USA aufbauen konnten. So wurden vorübergehend japanische und vor allem südkoreanische Gastarbeiter in der Bundesrepublik Deutschland beschäftigt. Allerdings standen sich die deutsche und die japanische Exportindustrie bald wieder wie schon vor dem Krieg auch als Konkurrenten auf dem Weltmarkt gegenüber, da sich ihre Exportpalette traditionell stark ähnelt. Während Deutschland vor allem in den europäischen Markt integriert ist, stützte sich Japans Wirtschaft insbesondere auf den nordamerikanischen Markt, auf Südostasien sowie Südkorea, dessen wirtschaftlicher Aufschwung etwas später einsetzte und dessen Außenhandel ebenfalls stark von den USA und in zweiter Linie von Japan abhängig war. In einer ähnlichen Situation befand sich Taiwan, das sich ähnlich wie Südkorea seit den 1980er-Jahren stark auf die Entwicklung der Elektronik- und Computerindustrie konzentrierte. Südkorea hat durch den gezielten Aufbau seiner vor allem in Großkonzernen konzentrierten Bau-, Automobil-, Elektro-, Elektronik- und Telekommunikationsindustrien seinen Rückstand gegenüber Japan deutlich verringert, und südkoreanische Markenprodukte nehmen in diesen Bereichen Spitzenpositionen auf dem Weltmarkt ein. Ähnlich wie Japan entwickelt Südkorea gezielt auch seine Kulturwirtschaft, auch als Contents Business bezeichnet, als Exportartikel.

Nordkorea rechnete sich hingegen zum Ostblock. Mit Hilfe des wichtigsten Verbündeten, der UdSSR, baute es wirtschaftliche Kontakte zu den mittel- und osteuropäischen Bruderstaaten auf. So studierten Nordkoreaner z. B. in Polen und der DDR und wirkten polnische Baufachleute an Städtebauprojekten in Nordkorea mit.

Nach dem Zerfall der UdSSR und des Ostblocks sind diese Beziehungen dramatisch zurückgegangen. Das nordkoreanische Rüstungsprogramm hat zudem dazu geführt, dass die Vereinten Nationen gegen das Land weitreichende Handelssanktionen verhängten. Nordkoreas Verbindungen zum Welthandel laufen seither größtenteils indirekt über China (über die von zahlreichen ethnischen Koreanern bewohnte Grenzregion Kando/Jiandao) oder über illegalen Schmuggelhandel (v. a. Waffenexporte).

Die Volksrepublik China hat sich seit dem Beginn der 1978 verkündeten Politik von „Reform und Öffnung" dagegen immer stärker und mit großem Erfolg der Weltwirtschaft zugewandt. 1980 wurden erstmals Wirtschaftssonderzonen eingerichtet, die einen ersten Schritt zur Einführung des Marktkapitalismus darstellten. 2011 löste China Japan auf der Position der zweitgrößten Wirtschaftsmacht nach den USA ab. Die Investitionen ausländischer Unternehmen in China einerseits und die Abhängigkeit der verarbeitenden Industrien in zahlreichen Ländern von chinesischen Zulieferern andererseits sind inzwischen so bedeutend, dass China zum zweiten Zentrum der Weltwirtschaft neben den USA aufgestiegen ist.

Nach dem Ende des Kalten Krieges ist die wirtschaftliche Verflechtung der ostasiatischen Märkte untereinander, aber auch mit der übrigen Welt erheblich vorangeschritten. Als Hauptprobleme erweisen sich dabei die Dominanz der chinesischen Wirtschaftskraft einerseits und die Abhängigkeit vieler Akteure von den USA. Während eine Vielzahl bilateraler Handelsabkommen besteht und Freihandelsabkommen (auch mit der EU) geplant bzw. bereits beschlossen sind, steht die Entwicklung eines institutionell abgesicherten gemeinsamen Marktes in Ostasien noch aus. Sie wird sicherlich nicht ohne Einbezug Südostasiens stattfinden, weshalb der weiteren Entwicklung der ursprünglich als antikommunistisches Bündnis geplanten ASEAN-Gemeinschaft nach ihrer Erweiterung um die (ehemals oder immer noch) sozialistischen Länder der Region sowie China, Japan und Südkorea besondere Bedeutung zukommen wird.

> Inhaltliche Schwerpunkte und Problemorientierung im Unterricht
> - Folgen des Tributhandels für den ostasiatischen Wirtschaftsraum
> - transpazifischer Handel und europäische Handelskompanien
> - die Einbindung Ostasiens in das westlich dominierte System des Welthandels im 19. Jahrhundert
> - das Streben Japans nach ökonomischer und politischer Vorherrschaft im Fernen Osten nach dem Ersten Weltkrieg
> - *Fördert oder hemmt die Globalisierung die Entstehung eines institutionalisierten gemeinsamen Marktes in Ostasien?*

Literaturhinweise

Höllmann, Thomas O.: Die Seidenstraße. München: Beck, 2004.
Iriye, Akira/Osterhammel, Jürgen/Rosenberg, Emily S. (Hrsg.): Geschichte der Welt 1870-1945: Weltmärkte und Weltkriege. München: Beck, 2012.
Osterhammel, Jürgen/Petersson, Niels P.: Geschichte der Globalisierung: Dimensionen, Prozesse, Epochen. München: Beck, 2003.
Vries, Peer: Zur politischen Ökonomie des Tees: Was uns Tee über die englische und chinesische Wirtschaft der Frühen Neuzeit sagen kann. Wien: Böhlau, 2009.

7. Entdeckungen und Reisen

> **Modulziele**
>
> Wer vom „Zeitalter der Entdeckungen" spricht, denkt an die europäische Expansion des 15.-18. Jahrhunderts. Schüler mögen sich zwar der Tatsache bewusst sein, dass der Begriff der „Entdeckung" ein ausgesprochen relativer ist, werden aber in der Regel das gezielte Aufsuchen des Unbekannten, auch zum Zwecke von Profit und Machtausdehnung, ausschließlich mit europäischen und nordamerikanischen Individuen verbinden. Dieses Modul soll ins Bewusstsein rücken, dass Entdeckerdrang, Beweglichkeit und Abenteuerlust kein Privileg des Westens waren und sind. Zugleich gilt es aber auch, die ostasiatische Reisekultur jenseits der Entdeckungsreisen, insbesondere die Vergnügungs- und Bildungsreisen mit ihrer kulturellen Bedeutung und dem daraus hervorgegangenen vielschichtigen literarischen Erbe vorzustellen.

Legendäre Vorformen: Erkundung und Besetzung von Territorium

Die ständige Ausweitung des bekannten Raumes und die Assoziation solcher Erkundungen mit Macht und Prestige scheinen zu den menschlichen Grundzügen zu gehören. Elemente solchen Raumgreifens finden sich in den Begründungsmythen aller ostasiatischen Reiche, ob nun erste Herrscher als Götter vom Himmel zur Erde herabsteigen, sich auf der Erde neues Land zu eigen machen oder in vielfacher Hin- und Herbewegung das Territorium des Reiches abstecken. Früh literarisch verewigt wurde dieses Motiv in der Erzählung von den weit in den Westen führenden Reisen eines halblegendären chinesischen Königs des 10. Jahrhundert v. Chr., in der sich das Streben nach Macht und nach Unsterblichkeit verbinden. Um Unsterblichkeit geht es auch bei der Legende, die gern mit der Entdeckung Japans von China aus in Verbindung gebracht wird:

Qin Shi Huangdi, der erste Kaiser der Qin-Dynastie (221-207 v. Chr.) sei von einem Magier an seinem Hofe davon überzeugt worden, dass das Elixier der Unsterblichkeit auf einer Insel im Ostmeer zu finden sei, woraufhin er mit einer Flotte ausgerüstet wurde, um es zu holen. Niemand kehrte von dieser Reise zurück: Der Magier, so heißt es, habe von vorneherein im Sinn gehabt, dem sicheren Schicksal, irgendwann beim Kaiser in Ungnade zu fallen, durch die Auswanderung in unbekannte Lande zu entgehen.

„Seidenstraße": Handel und Kulturaustausch mit Zentralasien und Indien seit dem 1. Jahrhundert v. Chr.

Der erste historisch gesicherte Entdecker Ostasiens lebte nur etwa hundert Jahre nach dem Zeitpunkt dieser Legende. Die auf die kurzlebige Qin- folgende Han-Dynastie (206 v. Chr.-220 n. Chr.) wurde rasch zu einem Imperium mit starkem Expansionsdrang. Im Nordwesten geriet sie dabei mit dem nomadischen Volk der Xiongnu in Konflikt. Auf der Suche nach militärischen Allianzen mit Völkern jenseits der von den Xiongnu kontrollierten Gebiete wurde ein Militärbeamter namens Zhang Qian nach Zentralasien gesandt. Auf mehreren gefahrvollen Reisen zwischen 138 und 115 v. Chr. gelangte er über Ferghana (westlich des Tarim-Beckens) bis nach Baktrien und brachte Kunde nicht nur von den bereisten Gebieten, sondern auch von Indien und sogar vom Partherreich zurück nach China. Seine Expeditionen standen am Anfang der Entwicklung jener das chinesische und das römische Reich verbindenden Handelsrouten durch Zentralasien, die heute kollektiv unter dem Namen Seidenstraße bekannt ist.

Auf diesen neu erschlossenen Wegen gelangte unter anderem auch der Buddhismus nach China, vermutlich im „Gepäck" von Händlern. Aufgrund der Hoffnung, die erlösende Wahrheit an ihrer Quelle unmittelbarer aufnehmen zu können, wurde umgekehrt Indien (besonders Nordindien mit dem Geburtsort des historischen Buddha) über Jahrhunderte das Ziel heilsuchender chinesischer Pilger-Mönche, unter denen vor allem Faxian (unterwegs 395-414), Xuanzang (unterwegs 629-644) und der aus Korea stammende, in China ordinierte Hyech'o (unterwegs 723-729) aufgrund ihrer detaillierten Reise- und Länderbeschreibungen zu Ruhm gelangten. Besonders Xuanzangs „Aufzeichnungen über die Lande westlich des Großen Tang-Reiches" erlangten einen mit den „Historien" des Herodot vergleichbaren Status als Fundus von geographischem und ethnographischem Wissen und als Niederschlag der Faszination des Fremden. China selbst war wiederum Anziehungspunkt für Pilger aus dem Osten: Zahlreiche Mönche aus Korea machten sich auf den Weg dorthin, wobei die bekannteste Reise diejenige des großen buddhistischen Gelehrten Wŏnhyo (617-686) ist, gerade weil er sie aufgrund der unterwegs erlangten Erleuchtung abbrach. Aus Japan reiste der Mönch Ennin (794-864) ins chinesische Tang-Reich und hinterließ einen Bericht, der ebenfalls als erstrangige historische Quelle für die bereiste Region gilt, auch weil er so ausführlich über die koreanische (Silla-)Bevölkerung im Tang-Reich berichtet, von der er viel Hilfe bei seiner Reise erfuhr.

Expansionsraum Meer: Seereiche, Piraterie, Schiffbrüchige (bis 17. Jahrhundert)

Nicht zuletzt bietet Ennins Reisebericht Einblick in ein Phänomen, das dazu angetan ist, die Problematik der Rückprojektion moderner Nationalstaatlichkeit ins mittelalterliche Ostasien aufzuweisen: Das Seereich des Chang Pogo (787-846), der, aus Korea stammend, im chinesischen Tang-Reich eine militärische Karriere gemacht und im Laufe der Zeit eine eigene Flotte zusammengestellt hatte, mittels derer er ab ca. 826 von der vor der koreanischen Südwestküste gelegenen Insel Wando aus den Seehandel auf dem Gelben Meer kontrollierte. Zwar diente dies nicht zuletzt dem Schutz der einheimischen Kaufleute und der

Verteidigung der koreanischen Küste gegen Pirateneinfälle und geschah entsprechend mit einer Genehmigung des Königs, de facto gewann Chang Pogo damit aber eine vom Königshaus weitgehend unabhängige Macht. Als er dies durch eine Heiratsallianz mit dem Königshaus zu formalisieren versuchte, fiel er dem Attentat eines Emissärs des Hofes zum Opfer.

Obgleich Chang Pogo selbst nicht als Entdecker zählen kann, illustriert sein Seereich doch die Bedeutung, die dem Seehandel zu dieser Zeit, und in wechselndem Maße immer wieder, in Ostasien zukam. Besonders während der Song-Dynastie (960-1279) betrieb China einen aktiven Überseehandel, dessen Verbindungen bis an die ostafrikanische Küste reichten. Zu Beginn der Ming-Dynastie, im frühen 15. Jahrhundert, wurde dieser Offenheit zur See hin mit den als Fahrten des Zheng He bekannten großen See-Expeditionen ein glänzender vorläufiger Schlusspunkt gesetzt.

Zheng He (1371-1433) war ein Südchinese muslimischen Ursprungs, der in jungen Jahren als Eunuch an den Kaiserhof der Ming verkauft wurde und dort zum vertrauten Berater des Yongle-Kaisers (reg. 1403-1424) aufstieg. Von Yongle wurde er als Admiral über die enorme Flotte eingesetzt, die sowohl dieser Kaiser als auch sein Nachfolger zwischen 1405 und 1433 sieben Mal in See stechen ließen – aus Gründen, die bis heute nicht abschließend geklärt sind, aber möglicherweise zumindest anfangs viel mit dem Bestreben des durch einen Putsch innerhalb der Familie auf den Thron gekommenen Yongle-Kaisers nach nachträglicher Legitimation seiner Herrschaft durch eine machtvolle Außenpolitik zu tun hatten. Jedenfalls fuhr die imperiale Flotte auf ihren sieben Reisen alle wichtigen Handelsorte Südostasiens, Südasiens, des Mittleren Ostens und des Horns von Afrika ab; im Südosten gelangte sie bis nach Surabaya, im Westen bis nach Aden und Mogadischu. Auch den Malediven wurden mehrfach Besuche abgestattet. Diese Fahrten sind insofern nicht als „Entdeckungsfahrten" zu bezeichnen, als die (bis zu 300 Schiffe zählenden) Flotten auf bekannten Handelsrouten unterwegs waren. Doch hatten diese Expeditionen mit ihrer Größe, ihrem imperialen Glanz und ihrer gelegentlich eingesetzten militärischen Macht die Stärkung der chinesischen Position in diesem Handel, der chinesischen Siedlungen fernab der Heimat (etwa in Malakka) und die Behauptung Chinas als weit ausstrahlende politische Macht zur Folge und können insofern als ein früheres Pendant der Anfänge des europäischen Kolonialismus gesehen werden. Dass sie 1433 eingestellt wurden – möglicherweise wegen der wieder einsetzenden mongolischen Bedrohung aus dem Norden –, setzte diesen Expansionstendenzen ein Ende, nicht aber den maritimen Handelsaktivitäten, auch wenn ein Seehandelsverbot dies zeitweilig versuchte.

Japan war einer der konstanten Partner in diesem Handel – allerdings oft auf illegalem Weg: Piraten aus dem damals in streitende Reiche zerfallenen Japan (später zunehmend auch aus China) machten seit dem 13. Jahrhundert sowohl den koreanischen als den chinesischen Küstenbewohnern zu schaffen, was mit ein Grund des Seehandelsverbots gewesen sein dürfte (welches die Piraterie allerdings natürlich verschlimmerte). Individuen sind aus dieser Zeit natürlich schlecht dokumentiert. Genaueres wissen wir über die Zeit nach 1592, als der neue Gesamtherrscher Japans, Toyotomi Hideyoshi, der Piraterie weitgehend Einhalt geboten und stattdessen ein Genehmigungssystem für den Auslandshandel eingeführt hatte (das ab den 1630er Jahren durch ein striktes Verbot unlizenzierter Ein- und Ausreise ergänzt wurde). Die dennoch weitreichenden maritimen Aktivitäten Japans führten japanische Kaufleute nach Macau, Thailand, Indien, die Philippinen und Indonesien und brachten bedeutende Seereisende hervor. Yamada Nagamasa (1590-1630) etwa brachte es im Königreich Ayutthaya im heutigen Thailand zu beträchtlichem Einfluss. Tenjiku Tokubei (1612-ca. 1692) führte das Leben eines japanischen Sindbad; seine Reisen, die ihn bis nach Indien brachten und denen er gehörigen Reichtum verdankte, beschrieb er später in einem populären Prosawerk.

Die Tücken der Schifffahrt führten noch zu einer anderen Art des Reisenden, der Nachricht aus der Fremde mit heimbringt, wenn auch unfreiwillig: die Schiffbrüchigen. Halb ins Reich der Legenden gehört zwar Tabe Mitsuro, der im 14. Jahrhundert als schiffbrüchiger Fischer auf einem Handelsschiff nach China gelangt und dort weit gereist sein soll, bevor das Heimweh ihn zurück nach Japan trieb, wo seine Erzählungen ins mündliche Überlieferungsgut Eingang fanden. Sehr gut belegt sind dagegen die Erlebnisse des koreanischen Gelehrten-Beamten Ch'oe Pu (1454-1504). Auf der Rückfahrt von der Insel Cheju, wo er Dienst getan hatte, wurde er mit seiner Crew im Jahr 1488 von einem Sturm an die Südostküste Chinas (bei Ningbo) verschlagen, wo sie zunächst von Piraten ihrer restlichen Habe beraubt, dann von den Küstenbewohnern selbst für Piraten gehalten wurden. Schließlich erreichte er jedoch eine Anerkennung seiner Identität und wurde über Peking zurück nach Korea eskortiert, wo er einen Bericht verfasste, der heute als bemerkenswerte Außensicht auf das China dieser Zeit gilt. Ein Schiffbruch dreier japanischer Handelsschiffe, angeblich auf dem Weg zur nordjapanischen Insel Hokkaido, an der mandschurischen Ostküste im Jahr 1644 (dem Jahr der Etablierung der Mandschu-Herrschaft über China) war möglicherweise nur vorgetäuscht; es könnte sich um eine illegale Handelsexpedition gehandelt haben. Nur wenige der Crew überlebten jedoch einen Überfall der Einheimischen und konnten nach einer Odyssee über Shenyang, Peking und Korea zwei Jahre später nach Japan zurückkehren. Ihre Berichte waren von hohem Informationswert für die japanischen Behörden, denn sie vermittelten unmittelbare Einblicke in die neue Mandschu-Herrschaft und das koreanisch-mandschurische Verhältnis, und sie wurden im Laufe zweier Jahrhunderte in mehreren Versionen in Japan verbreitet. Europa verdankte Nachrichten über Korea schließlich dem holländischen Schiffbrüchigen Hendrik Hamel (in Korea 1653-1666).

Inlandsreisen: vom Ausflug zur Expedition (17.-19. Jahrhundert)

Die offizielle Abschließungspolitik der drei ostasiatischen Länder in den letzten Jahrhunderten vor dem Umbruch zur Moderne ließ Fernreisen in Eigeninitiative kaum zu. Das heißt aber nicht, dass Reisen kulturell keine Rolle gespielt hätten. Zum einen waren die offiziellen Gesandtschaftsreisen zwischen den drei Ländern ein wichtiger Kanal des Wissensaustauschs, über dessen kulturelle Bedeutung ein reicher Schatz an Reiseberichten Zeugnis ablegt. Zum anderen bildete sich gerade in diesen Jahrhunderten eine verfeinerte Kultur der Inlandsreise heraus. Pilgerfahrten spielten dabei eine Rolle: In allen Ländern Ostasiens gab (und gibt) es heilige Berge bzw. Bergregionen, die im Rahmen buddhistischer oder daoistischer Heilssuche aufgesucht wurden. Auch im Rahmen des Konfuzianismus konnten Berge eine quasi religiöse Bedeutung gewinnen, so etwa der Tai-shan im Osten Chinas, der in der Antike Ort für kaiserliche Himmelsopfer gewesen war und später durch einen Ausspruch des Konfuzius geadelt wurde. Vor allem geschah konfuzianische Bedeutungszuschreibung an besondere Orte aber eben durch wiederholtes Reisen dorthin und Schreiben darüber. Sehenswürdigkeiten wie Tempel, Felsinschriften etc. gehörten natürlich zu den Attraktionen, waren aber nicht nötig, um einen viel beschriebenen Ort zu einem Anziehungspunkt zu machen. Das ist einer der Gründe, warum zumindest in China und Korea dem Erhalt von Bauwerken nicht viel Aufmerksamkeit geschenkt wurde: Man hatte seine Monumente im Kopf bzw. auf Papier und musste sie nicht vor Augen haben. Die reiche Tradition der Inlands-Reiseliteratur, die daraus erwuchs, ist im Westen noch wenig bekannt. Für die nationalen Selbstbilder spielten sie aber eine prägende Rolle. Einzig die lyrischen Reisetagebücher des japanischen Dichters Matsuo Bashō (1644-1694), in denen das Reisen ebenso als spirituelle wie als kulturschaffende Tätigkeit gefeiert wird und aus denen seine bekanntesten *haiku* stammen, haben es zu einiger Berühmtheit gebracht.

Die bemerkenswerte Ausflugskultur, die sich mit dieser Tradition verband, und bei der das gesellige Aufsuchen schöner und bedeutsamer Orte oft durch Musik und Dichtung zum Gesamtkunstwerk verfeinert wurde, erreichte in China zu Ende des 16. Jahrhunderts, in Korea etwa hundert Jahre später ihren Höhepunkt. In China lässt sich beobachten, wie sie auf diesem Höhepunkt umschlug in eine andere Form der Inlands-Reise, in der der Aspekt der Entdeckung neben den der ästhethischen und kulturhistorischen Erfahrung tritt. Mit Xu Hongzu (1587-1641) tritt ein Reisender auf den Plan, der als Sohn vermögender Eltern zunächst alle bedeutsamen Orte in Chinas Kernland besucht hatte, bevor er sich den abgelegenen Gegenden des Südwestens und Westens zuwandte. Seine ausgedehnte letzte Reise führte ihn bis zur burmesischen Grenze und wahrscheinlich auch nach Tibet. Dabei interessierte er sich sehr für die topographischen Einzelheiten der durchreisten Gebiete und konnte auf diese Weise geographische Entdeckungen machen; so klärte er den Ursprung mehrerer großer Flüsse auf. Die Ausdehnung der von Mandschuren geführten chinesischen Qing-Dynastie (1644-1911) nach Nordwesten (Xinjiang und Tibet), die im 18. Jahrhundert geschah, brachte ebenfalls explorative Beschreibungen dieser Territorien hervor. Auch bei koreanischen Reisenden dieser Zeit machte sich der neue Impetus zu geographischen Erkundungen bemerkbar. So nutzte Cho Ŏm (1719-1777), unter anderem bekannt dafür, dass er von einer diplomatischen Mission nach Japan die Süßkartoffel mit nach Korea gebracht hatte, die Zeit eines kurzen Exils zum Paektu-Gebirge an der Nordgrenze Koreas nicht dazu, sein Schicksal zu beklagen, sondern zu einer mit Fernrohr und trigonometrischem Gerät ausgestatteten Expedition zum Gipfel.

Entdeckungsreisen im Zuge imperialer Expansion ab 1800

Nur wenige Jahrzehnte später gingen von Japan Entdeckungsreisen ins Ausland aus, die bereits alle Züge geografischer Exploration im Dienste imperialer Expansion zeigen. Alarmiert vom westlichen Kolonialismus und der Ausbreitung Russlands sandte das japanische *Shōgunat* um die Wende vom 18. zum 19. Jahrhundert wiederholte Expeditionen zur Erforschung der Kurilen und Sachalins; von ihnen wurde zum ersten Mal festgestellt, dass es sich dabei um eine Insel handelt, und die weltweit genauesten Karten der Region hergestellt. Erst recht schloss Japan nach den Meiji-Reformen (1868), die das Land gezielt auf westlichen Modernisierungskurs brachten, auch in Hinblick auf Forschungsreisen zu den Westmächten auf. So wurden die Regionen, denen ein unmittelbares Expansionsbestreben galt – wie etwa die Mandschurei oder das 1914 von den Deutschen erworbene Mikronesien – systematisch geografisch, geologisch (v. a. auf Rohstoffe hin) und ethnografisch erkundet. Auch kulturhistorische und archäologische Forschungsreisen, etwa auf der Suche nach kulturellen Wurzeln Japans bzw. einer mit Korea geteilten Vergangenheit in der Mandschurei, oder die Erkundungen buddhistischer Stätten in Zentralasien, die bedeutende kunsthistorische Sammlungen hervorgebracht haben (was wie bei entsprechenden Sammlungen in Europa sowohl den Aspekt des Raubs als auch der Erhaltung/Verfügbarmachung von Kunstwerken hat), sind in diesem Rahmen kolonialistischer Bestrebungen zu sehen. Sogar eine japanische Antarktis-Expedition wurde 1910-1912 durchgeführt

Reisen und Abenteuer als Selbsterweiterung im 20. Jahrhundert

Im modernisierten und individualisierten Ostasien hat das Reisen in ähnlicher Weise wie in Europa Aspekte der (Charakter-)

Bildung und Selbsterfahrung angenommen. Orte als solche sind nicht mehr zu entdecken, wohl aber die eigenen Grenzen und deren Erweiterung in der Begegnung mit dem Fremden und den Herausforderungen des Reisens. Der Japaner Uemura Naomi (1941-1984), der als erster Mensch allein zum Nordpol gelangte und allein den Amazonas mit einem Boot befuhr, soll in seiner Jugend das Extrembergsteigen begonnen haben, um seine Schüchternheit zu überwinden. Er starb, als er versuchte, den Mt. McKinley in Alaska – den höchsten Berg Nordamerikas – im Winter zu besteigen (nach erfolgreichen Aufstiegen auf den Mont Blanc, Kilimanjaro, Aconcagua und Everest, die jeweils höchsten Berge Europas, Afrikas, Südamerikas und Asiens). Die Chinesin Sanmao, eigentlich Chen Maoping (1943-1991), aufgewachsen in Taiwan, machte eine schriftstellerische Karriere mit ihren autobiographischen Erzählungen von ihren Wanderjahren in Europa, Amerika, der West-Sahara und den Kanarischen Inseln. Sie entwarf für ihre Landsleute das Leben in der Fremde als Befreiung aus dem in sich gefangenen Selbst und fesselte sie durch die Verbindung von Exotismus und intimen Einblicken ins persönliche Erleben. Darin ähnelte sie der Koreanerin Chŏn Hyerin (1934-1965), die 1955-59 in München studiert und mit ihrem postum erschienenen Essay-Band „Und sagte kein einziges Wort" ein romantisches Bild von München-Schwabing nach Korea trug, das für das dortige Deutschlandbild lange Zeit prägend bleiben sollte. Beide Autorinnen beendeten ihr Leben selbst, was zu ihrem Nimbus des Aus-der-Welt-gefallen-Seins weiter beitrug. Mit einer sehr viel dynamischeren Spielart des Reisen und der Kulturbegegnung machte Han Pi-ya (1958-) in Korea Furore: zwischen 1993 und 1999 bereiste sie große Teile der nicht oder weniger industrialisierten Welt, hauptsächlich zu Fuß und in engem Kontakt mit Land und Leuten, scheute dabei weder Mühe noch Gefahr und schrieb ein vierbändiges Werk über ihre Reisen, das unzählige ihrer Landsleute zu Fuß- und Abenteuerreisen motivierte. Ihre Berühmtheit nutzt sie heute für NGO-Arbeit für Flüchtlinge, was ihre Rolle als moralisches Vorbild für ein ebenso selbstbestimmtes wie verantwortliches Leben nur verstärkt.

> **Inhaltliche Schwerpunkte und Problemorientierung im Unterricht**
> - chinesische Entdeckungsreisen zu Land und zur See
> - Folgen der ostasiatischen Abschließungspolitik
> - der Sonderfall Japan: Forschungsreisen und imperiale Expansion
> - ostasiatische Reisekultur heute
> - *Inwiefern ist die These, Ostasien sei ein „abgeschotteter Kulturkreis" berechtigt?*
> - *Welche Bedingungen führen dazu, dass Reisen und Entdeckung in einer Gesellschaft wichtig (genommen) werden?*

Literaturhinweise

Basho, Matsuo: Auf schmalen Pfaden durchs Hinterland. Übers. von Geza Dombrady, mit einem Nachwort von Ekkehard May. 4. Aufl., Mainz: Dieterich, 2011.

Ptak, Roderich: Die maritime Seidenstraße: Küstenräume, Seefahrt und Handel in vorkolonialer Zeit. München: C.H. Beck, 2007.

8. Migration

> **Modulziele**
>
> Kinder mit ostasiatischem Migrationshintergrund, besonders aus China und Korea, gehören zum deutschen Schulalltag; die folgende Einheit soll dazu beitragen, Migrationsbewegungen *aus* Ostasien in ihrer historischen Tiefendimension zu verstehen, sowie – durch die Berücksichtigung der *Einwanderung* in die Länder Ostasiens – die lebensweltlichen Ähnlichkeiten insbesondere Südkoreas und Japans mit Deutschland und die Ubiquität von Migration und multikulturellem Zusammenleben für die Schüler greifbarer zu machen. Dies kann in diesem Rahmen nur anhand ausgewählter Beispiele geschehen; das Folgende darf also nicht als umfassende Geschichte der Migrationsbewegungen von, nach und innerhalb Ostasiens verstanden werden.

Ethnische Vielfalt der Nationen Ostasiens

Von ihrer ethnischen Zusammensetzung her sind bzw. waren – dem Selbstbild nach – die Nationen Ostasiens ausgesprochen unterschiedlich: Während die VR China sich als Vielvölkerstaat aus insgesamt 56 Ethnien begreift, ungeachtet der Dominanz der Han-Chinesen mit etwa 92 % der Bevölkerung, herrschte in Japan und Korea lange Zeit ein Selbstbild als ethnisch homogene Volksgemeinschaften vor, ein Selbstverständnis, das sich erst in letzter Zeit v. a. in Südkorea aufzulösen beginnt. Dennoch ging natürlich auch die Bevölkerung dieser Länder ursprünglich auf Migrationsbewegungen aus verschiedenen Regionen zurück. Korea etwa wurde in wiederholten Einwanderungswellen von Westen und Norden her besiedelt, für Japan geht man von Einwanderungen sowohl vom nordostasiatischen Festland als auch von Südostasien her aus. Die Nord-Migration der so entstandenen japanischen Bevölkerung bis auf die (von den auch physisch distinkten Ainu bewohnte) Insel Hokkaido und die 1873 erfolgte Annexion der südlichen Inselkette Okinawa führte zu weiterer ethnischer Diversität. In Korea wiederum übersah der Mythos von der ethnischen Homogenität, der nicht zuletzt als Reaktion auf die koloniale Vergangenheit in der zweiten Hälfte des 20. Jahrhundert den Zeitgeist prägte, die Wellen der Ansiedlung von Dschurdschen aus dem Norden bzw. die Integration chinesischer Flüchtlinge, die durch die Geschichte hindurch immer wieder stattgefunden hatten. Auch der chinesische Vielvölkerstaat ist keineswegs nur durch die Ausdehnung des imperialen Territoriums auf den Lebensraum immer weiterer Völkerschaften entstanden, sondern auch das Ergebnis von Einwanderungen. Einen der spektakulärsten Fälle darunter stellt vermutlich die Anwesenheit einer kleinen jüdischen Minderheit dar, die schon von China-Reisenden der Mongolen-Zeit wie Ibn Battuta und Marco Polo konstatiert worden war; noch im 19. Jahrhundert gab es (v. a. in der am Gelben Fluss in Mittelchina gelegenen Stadt Kaifeng) kleine jüdische Gemeinschaften, die von den Han-Chinesen als eine Unterart der Muslime betrachtet wurden. Taiwan (Republik China) wiederum ist, ähnlich wie das erst spät „eingegliederte" Hokkaido in Japan, eine ursprünglich von verschiedenen nichtchinesischen Ethnien besiedelte Insel, die erst seit dem 17. Jahrhundert in größerem Umfang chinesisch besiedelt wurde, zunächst v. a. von Einwanderern aus der südchinesischen Provinz Fujian, mit einer letzten großen Einwanderungswelle im Jahr 1949 durch Festlandchinesen auf der Flucht vor der kommunistischen Revolution. Die heute anerkannten 14 indigenen Völker wurden großenteils in die Peripherie abgedrängt, vor allem in die schwer zugänglichen Bergregionen im Inneren der Insel, und sind auch ökonomisch weitgehend marginalisiert. Ähnliches gilt, trotz einer nominell Autonomie verbürgenden und in mancher Hinsicht (z. B. Nachwuchs) Privilegien einräumenden Minderheitenpolitik *mutatis mutandis* für das Verhältnis von Han-Chinesen und Minderheiten in der VR China.

Chinesische Migration nach Südostasien

Schon lange vor der Besiedelung Taiwans hatten Auswanderungsbewegungen aus China in südostasiatischer Richtung eingesetzt. Schon für das 7. Jahrhundert ist eine geringfügige chinesische Präsenz auf den Philippinen nachweisbar. In der Zeit der Südlichen Song-Dynastie (1127-1279), als der nördliche Teil Chinas unter der Herrschaft der Dschurdschen stand und die kontinentalen Handelswege blockiert waren, wandte sich der südliche Teil Chinas verstärkt südostasiatischen Handelspartnern zu. Aus temporären Siedlungen chinesischer Händler, die oft viele Monate lang auf günstige Winde zur Heimreise warten mussten, wurden Brückenköpfe für die Ansiedlung schnell anwachsender chinesischer Gruppierungen. Grund für die – auch in den Folgejahrhunderten immer wieder auflebenden – Auswanderungswellen war ein Bevölkerungswachstum vor allem in Südchina, mit dem die Zunahme der agrarischen Produktivität nicht Schritt halten konnte. Dazu kamen die pull-Faktoren aus den Aufnahmeländern: So ermutigten chinafreundliche Herrscher in Siam im 18. Jahrhundert gezielt die Einwanderung chinesischer Seeleute, Schiffsbauer und Händler, was dem Land hervorragende Beziehungen zu China und einen Ausbau der eigenen regionalen Macht bescherte. Es kam so zu substantiellen chinesischen Minderheiten in vielen Regionen Südostasiens, die oft weiterhin den Überseehandel in den Händen behielten, so dass bis heute die chinesische Bevölkerung Indonesiens, Malaysias und der Philippinen in Wirtschaft und Handel stark vertreten ist. Dies hat in der Vergangenheit immer wieder zu Ressentiments gegen die sprachlich und kulturell nie vollständig assimilierten Chinesen geführt, die manchmal in regelrechte Pogrome mündeten. Gleichzeitig wurden die Bindungen der Migrantenpopulationen ins Mutterland nie abgebrochen; besonders seit der Verkehr durch Dampfschiffe erleichtert wurde, kamen ehemalige Migranten zurück nach China, um neue Migranten anzuheuern. Im 20. Jahrhundert stellten die sogenannten „Überseechinesen" für die VR China wiederum einen Brückenkopf für den Handel mit Südostasien und damit eine wichtige wirtschaftliche Ressource dar.

Japanische Plantagenarbeiter, Chinesen am „Goldberg": Arbeitsmigration im 19. und 20. Jahrhundert

Im 19. Jahrhundert setzte zudem ostasienweit eine Migration von Arbeitskräften in die Neue Welt ein. Nach dem Ersten Opiumkrieg (1840) wurde China zum Reservoir billiger Arbeitskräfte für die Westmächte; wiederum hauptsächlich von der chinesischen Südküste aus wurden die sogenannten „Kulis" in großer Zahl in die Silberbergwerke von Peru, die Zuckerplantagen von Kuba und – ab den 1860er-Jahren – nach Kalifornien und Australien zum Goldschürfen verschifft. Die Arbeitsbedingungen waren oft horrend, schließlich diente der Import asiatischer Arbeitskräfte auch als Ersatz für die abgeschaffte Sklavenarbeit. Besonders litten die sogenannten „Kontraktarbeiter", die ihre Überfahrt erst abarbeiten mussten, meist durch Vortäuschungen auf die Schiffe gelockt worden waren und für die Dauer ihrer Verträge in jeder Hinsicht Leibeigenen glichen. Der plötzliche Zustrom chinesischer Arbeitskräfte an die amerikanische Westküste, wo sie unter anderem auch beim Bau der Eisenbahn eingesetzt wurden, führte zu xenophoben Reaktionen, obgleich die Zuwanderung in absoluten Zahlen nicht hoch war: 1880 lebten dort etwa 100 000 Chinesen. Dennoch reagierte die Politik darauf mit dem Erlass des Chinese Exclusion Act im Jahr 1882 – das erste US-amerikanische Gesetz, das die Einwanderung einer bestimmten Bevölkerungsgruppe unterband; es galt bis 1943. Ähnlich, wenn auch zeitlich versetzt, verlief die Geschichte der japanischen und koreanischen Arbeitsmigration nach Osten. 1886 begann das damals noch unabhängige Hawaii gezielt japanische Arbeitskräfte anzuwerben; dies war der Beginn einer japanischen Auswanderungsbewegung, die sich bald auch nach Kalifornien und Südamerika ausdehnte und auf deren Höhepunkt, zwischen 1898 und 1907, jährlich knapp 40 000 Menschen das Land verließen. Auf Drängen der USA begann Japan 1907, diese Emigration wieder einzudämmen bzw. in die Kolonien umzulenken. Im Verhältnis zu den europäischen Einwanderern in die Amerikas dieser Zeit war die chinesische und japanische Migrationsbewegung numerisch nicht sehr bedeutsam; sie hatte jedoch Anteil am Wandel des Selbstverständnisses gerade der USA als Einwanderungsland und erregte entsprechend hohe Aufmerksamkeit. 1923 führten die USA daher eine Quotenregelung für Einwanderer aus Asien ein, die bis 1965 in Kraft blieb. Das Misstrauen gegenüber den asiatischen Bürgern drückte sich auch in der Internierung der Japan-Amerikaner während des Zweiten Weltkriegs aus. Mit dem Erlöschen der Quotenregelung setzte eine weitere Welle der Immigration aus Ostasien ein, die am Fallbeispiel Korea veranschaulicht werden soll.

Fallbeispiel Korea: Vom Auswanderungs- zum Einwanderungsland

Korea war, was Wanderungsbewegungen angeht, niemals ein „hermit kingdom". In den politisch unruhigen Zeiten des 4.- 7. Jahrhunderts, die auch Ostasien eine Phase der Völkerwanderungen bescherten, erhielt es einerseits erneut Zustrom aus den Gebieten des heutigen Nordostchina, andererseits führten Auswanderungen gerade von Angehörigen der Eliten auf die japanischen Inseln zu vermehrtem Kulturtransfer dorthin und trugen zur Bildung des japanischen Staatswesens bei. Arabische Quellen des 9. und 10. Jahrhunderts sprechen von Muslimen, die sich dauerhaft in Korea angesiedelt hätten. Umgekehrt wissen wir von koreanischen Siedlungen in Südost-China in der Zeit des Vereinigten Silla (7.- frühes 10. Jahrhundert). Ganz abgesehen von der Durchlässigkeit der Grenzen zur Mongolen-Zeit dürfte der Zustrom koreanischer Siedler nach

China nie abgerissen sein; aus Reiseberichten der Chosŏn-Zeit (1392-1910) erfährt man sowohl von einem „koreanischen" Dorf mitten auf dem Landweg nach Peking als auch von einzelnen China-Koreanern der ersten oder zweiten Generation. Auch nach Japan mag es solche informellen, schlecht dokumentierten einzelnen Auswanderungen trotz nominell gesperrter Grenzen gegeben haben; bekannt sind lediglich die Deportationen koreanischer Bauern und Handwerker (insbesondere Töpfer) nach Japan im Zuge der japanischen Invasionen Koreas 1592-1598.

Zu Auswanderung aus Korea in großem Stile kam es jedoch erst im 19. Jahrhundert im Zuge des Imperialismus und Kolonialismus. Zunächst wanderten vor allem Bauern – durch die sozialen und wirtschaftlichen Verwerfungen im Lande ihrer Ländereien beraubt – ab den 1860er-Jahren in die mandschurischen Gebiete jenseits der Nordgrenze Koreas. In dem meist wenig kultivierten Land siedelten sich Bauern aus allen Teilen Koreas an und brachten die Technik des Reisanbaus in ein bis dahin als dafür ungeeignet betrachtetes Gebiet. Diese Wanderungsbewegung nahm während der Kolonialzeit an numerischer Stärke und Ausdehnung zu; darauf geht die heute in China lebende, etwa zwei Millionen Menschen zählende koreanische Minderheit größtenteils zurück. Diejenigen Koreaner, die sich (ebenfalls schon seit Mitte des 19. Jahrhundert) im russischen Fernen Osten angesiedelt hatten – 1926 waren das etwa 170 000 Menschen, um Wladiwostok herum stellten Koreaner ein Viertel der ländlichen Bevölkerung –, wurden nach der Etablierung japanischer Vorherrschaft in der Mandschurei in der Sowjetunion als Gefahrenpotential erachtet, da man ein Loyalitätsverhältnis zu Japan befürchtete, und so wurden sie 1937 auf Stalins Geheiß in die menschenleeren Regionen Kasachstans, Usbekistans und Kirgisistans deportiert (wo sie übrigens auf die ebenfalls zwangsumgesiedelten Wolga-Deutschen trafen; manche Mischehen waren die Folge). Sie bilden den Grundstock der heute etwa 470 000 Menschen koreanischer Abstammung im Gebiet der ehemaligen Sowjetunion. Zur gleichen Zeit sorgten die Bedürfnisse der japanischen Kriegsindustrie für eine wachsende, zunehmend auch unfreiwillige koreanische Arbeitsmigration nach Japan: Zu den von ihrer wirtschaftlichen Misere nach Japan getriebenen Wanderarbeitern kam in den 40er-Jahren auch eine erhebliche Zahl von zwangsverschleppten Koreanern, die vor allem im Bergbau Frondienste leisten mussten, aber auch in den Zentren der Rüstungsindustrie wie Hiroshima und Nagasaki, wo Koreaner schließlich auch etwa zehn Prozent der Atombombenopfer ausmachten. Ein Großteil der zu Ende des Zweiten Weltkriegs in Japan ansässigen 2,4 Millionen Koreaner kehrte nach dem Zweiten Weltkrieg zurück, dennoch leben heute noch etwa 700 000 Menschen koreanischer Abstammung in Japan, von denen etwa ein Viertel sich zu Nordkorea bekennt.

Die koreanische Auswanderung in die USA nahm sich demgegenüber in der ersten Hälfte des 20. Jahrhundert bescheiden aus; nur wenige Tausend waren es bis zur Aussetzung der Quotenregelung 1965. Dann jedoch begann ein wahrer Boom koreanischer Immigration in die USA, aufgrund derer heute die *Korean Americans* mit über einer Million die zweitgrößte Gruppe von Auslandskoreanern darstellen; etwa 350 000 leben allein in Kalifornien, wobei Los Angeles die größte Konzentration von Koreanern außerhalb Koreas aufweist. Wie auch andere ostasiatische Einwanderer exemplifiziert die koreanische Minderheit dabei das amerikanische Erfolgsmodell: Während die erste Einwanderergeneration trotz guter Bildungsvoraussetzungen sich oft nur als Kleinunternehmer mit Garküchen oder Gemüseständen über Wasser halten konnte, hat sie ihren Kindern durch zähe Konzentration aller Ressourcen auf deren Ausbildung zumeist den Aufstieg in die höhere Mittelschicht – der *urban professionals* – ermöglicht. Ostasiatische Einwandererkinder prägen nicht nur das Gesicht der höheren Bildungsinstitutionen der USA, sondern haben durch ihre Nachfrage nach „heritage studies" auch deren Bildungsangebot verändert.

Weniger bekannt ist die Arbeitsmigration aus Südkorea in die Länder des Nahen Ostens: Von den 1970er- bis etwa in die 1990er-Jahre waren zahlreiche südkoreanische Arbeitskräfte, zumeist als Bauarbeiter und Techniker, in ölproduzierenden Ländern wie Kuwait und Saudi-Arabien beschäftigt; sie kehrten nach Ablauf ihrer Vertragsfristen meist zurück. Nur wenige europäische Länder waren dagegen Ziel koreanischer Einwanderung; Ausnahmen sind Großbritannien, das vor allem von Bildungsmigranten aufgesucht wurde, und Deutschland, das in den 60er-Jahren gezielt südkoreanische Bergarbeiter und Krankenschwestern anwarb – das Ruhrgebiet ist noch heute ein Zentrum koreanischer Präsenz in Deutschland. Auch Ostdeutschland hatte seinen Teil an Arbeitsmigranten aus Korea, in diesem Fall aus Nordkorea, die zahlenmäßig freilich weit unter den vietnamesischen Einwanderern blieben. In anderen Ländern wie etwa Frankreich, Belgien, der Schweiz und den skandinavischen Ländern ist „koreanische" Präsenz das Resultat der großzügigen Freigabe von Kindern zur internationalen Adoption, die seit den 1950er-Jahren zu einem nicht unerheblichen Exodus geführt hat – etwa 180 000 koreanische Kinder wurden seit 1952 auf diese Weise ins Ausland geholt. In Dänemark etwa leben nahezu 9000 aus Südkorea Adoptierte gegenüber nur knapp dreihundert eingewanderten Koreanern. Anlass dieser Adoptionswelle waren zunächst die zahllosen Kriegswaisen sowie Integrationsschwierigkeiten, die die koreanische Gesellschaft mit dem von amerikanischen GIs produzierten Nachwuchs hatte; die daraufhin mit wohltätigen Absichten gegründete Vermittlungsorganisation hatte angesichts der bis in die 1980er-Jahre anhaltenden wirtschaftlichen Schwierigkeiten Südkoreas aber rasch eine viel größere Klientel.

Die leichte Tendenz einer Rückwanderung aus westlichen Ländern nach Korea, die Ende des 20. Jahrhundert einsetzte, markiert zugleich den Wandel Südkoreas vom Auswanderungs- zum Einwanderungsland. In den frühen 90er-Jahren führte der wirtschaftliche Aufschwung zu einem Mangel an gering qualifizierten Arbeitskräften, dem Südkorea mit einer kreativen Form der Anwerbung ausländischer Arbeitskräfte begegnete: der 1992 erfolgten (und 1993 von Japan kopierten) Einführung eines „Traineeprogramms", unter dem die Angeworbenen nominell Auszubildenden-Status erhielten. De facto ermöglichte das Programm den Unternehmen, ausländische Arbeitskräfte für begrenzte Zeit und zu geringen Löhnen einzustellen. Mit Einzug des Passes, Zwangssparen (d. h. die Firma zahlt nur einen geringen Teil des Gehaltes aus, der Rest wird bis zum Ende des Arbeitsverhältnisses vorbehalten) und Vergütungen weit unter den sonst üblichen Mindestlöhnen ähnelte das System in beiden Ländern der kolonialen Zwangsarbeit. 2004 wurde das Programm in Korea wieder abgeschafft und durch ein System der temporären Arbeitserlaubnisse ersetzt. Im Jahr 2010 waren etwa 164 000 asiatische Arbeitskräfte im Rahmen dieser Regelung in Korea. Auch unter den veränderten Bedingungen werden allerdings noch Missbrauchsfälle gemeldet. Herkunftsländer der ausländischen Arbeitskräfte sind vor allem China, Vietnam, Bangladesh, Nepal, die Philippinen und Indonesien.

Vor allem aus China kommen in großer Zahl auch illegale Einwanderer, häufig Angehörige der koreanischen Minderheit in China. Weitere Einwanderergruppen in Südkorea sind etwa Kindermädchen und Haushälterinnen aus den Philippinen sowie meist vietnamesische oder chinesische Importbräute für Landwirte, die auch in Korea Schwierigkeiten haben, Partnerinnen zu finden. Von den 840 000 offiziell gemeldeten Ausländern, die 2008 in Südkorea lebten, gehörten etwa 50 000 entweder den amerikanischen Streitkräften oder der wachsenden Gruppe der muttersprachlichen Englischlehrer an. Korea hat sich aufgrund dieser Immigrantenströme in kurzer Zeit zu einer multikulturellen Gesellschaft entwickelt, in der Fragen des integrativen Zusammenlebens auch zunehmend zum Gegenstand zivilgesellschaftlichen Engagements werden. Schließlich ist in diesem Zusammenhang auch die innerkoreanische Migration zu nennen: Nordkoreanische Flüchtlinge kamen bis Mitte der

90er-Jahre nur vereinzelt ins Land und wurden entsprechend hofiert; inzwischen ist ihre Zahl auf 20 000 angeschwollen, mit bis zu 3000 Neuankömmlingen pro Jahr, und trotz finanzieller und ideeller Integrationshilfen von Seiten des südkoreanischen Staates werden Klagen über gesellschaftliche Diskriminierung laut.

Wildgans-Eltern in den *global cities*: Temporäre Migration und Transnationalität

Betraf die Auswanderung aus Ostasien im frühen 20. Jahrhundert vor allem ungelernte Arbeitskräfte, so wurde das Bild der ostasiatischen Migration nach Nordamerika, Australien, Neuseeland und Europa seit Mitte des 20. Jahrhundert immer stärker durch – teils sehr finanzkräftige – Unternehmer und Bildungsmigranten geprägt. Damit bildet sich zunehmend eine Migrantenschicht heraus, die zu erhöhter Mobilität, auch zurück ins Herkunftsland, in der Lage ist. Die steigende Wirtschaftskraft der Länder Ostasiens ermöglicht zudem eine besondere Form der Bildungsmigration: Damit der Nachwuchs das Englische, das immer noch als wichtige Voraussetzung für Elitestatus gesehen wird, auf muttersprachlichem Niveau erwerben kann, zieht ein Elternteil mit den noch minderjährigen Kindern ins englischsprachige Ausland, während der andere Elternteil mit Erwerbsarbeit im Heimatland für die Finanzierung sorgt. Die nur saisonweise zu ihren in der Ferne lebenden Kindern ziehenden Ernährer werden in Korea passend als „Wildgans-Väter" (oder „-Mütter") bezeichnet. Das ausgesprochen bikulturelle Aufwachsen dieser Kinder, die zudem dank moderner Kommunikationsmittel virtuelle Gemeinschaften am jeweils anderen Lebensort pflegen können, führt zum Entstehen einer transnationalen Bildungsschicht mit oft uneindeutigen Zugehörigkeitsgefühlen.

> **Inhaltliche Schwerpunkte und Problemorientierung im Unterricht**
> - Ursachen der ethnischen Vielfalt Ostasiens
> - Ursachen und Folgen der Migrationsströme von China nach Südostasien
> - chinesische und japanische Arbeitsmigration im 19. und 20. Jahrhundert
> - Fallbeispiel Korea
> - *Welchen Einfluss hatten die Migrationsbewegungen auf die Entwicklung Ostasiens bis heute?*

Literaturhinweise

Kim, Young-ha: Schwarze Blume. Aus dem Koreanischen übersetzt von Hanju Yang und Heiner Feldhoff. Tübingen: Konkursbuch, 2010. [Ein historischer Roman über koreanische Migration nach Lateinamerika um 1900, der Hintergründe und Lebenswirklichkeit sehr anschaulich darstellt.]

Solich, Eduard: Die Überseechinesen in Südostasien. Frankfurt/M.: Metzner, 1960.

9. Stadt und Land

> **Modulziele**
>
> Ostasien ist über lange Zeit agrarisch geprägt gewesen, doch haben sich Städte sehr früh und in ganz eigener Weise ausgebildet. Heute stellt Ostasien einige der bedeutendsten „Megacities" der Welt. Ziel des Moduls ist, die ganz eigenen Stadtformen, die sich historisch in Ostasien entwickelt haben, und die Besonderheiten des Stadt-Land-Verhältnisses vorzustellen sowie aufzuzeigen, wie man sich aktuellen, auch in anderen Weltgegenden bekannten Urbanisierungsfragen stellt.

Das Modell der Herrscherstadt

Die frühsten schriftlichen Ausformulierungen von Idealstädten in Ostasien finden sich in China und belegen, dass trotz des unzweifelhaft agrarischen Charakters der alten chinesischen Kultur Stadtplanung sehr früh einsetzte: Locus classicus ist die Schrift *„Kaogongji"* (Aufzeichnungen über die Untersuchung der Handwerke) aus dem späten 1. Jahrtausend v. Chr., in der als Ideal einer Herrscherstadt als Stadt par excellence ein Modell entworfen wird, in dem der Herrscher und sein Palast sich in der Mitte einer quadratisch-symmetrischen Gesamtanlage befinden, die mit einer auch der militärischen Verteidigung dienenden Stadtmauer umschlossen ist, welche von drei Toren auf jeder Seite durchbrochen wird. Grundausrichtung des Palastes und der Gesamtanlage sollte nach Süden hin sein, was geomantischen Vorstellungen entspricht, wonach idealiter im Norden die Stadt durch Berge geschützt wird, während sich im Süden Wasserläufe finden. Dieses Modell wurde archäologisch nirgends eins zu eins als historische Realität nachgewiesen, doch zeigt sich in den gebauten chinesischen Herrscherstädten und dann später in den umliegenden Ländern, die sich am chinesischen (konkret gebauten) Beispiel orientierten, der Einfluss dieser Idealvorstellung in leicht abgewandelter Form: Es blieb die Symmetrie, die rechteckige Grundform sowie die Stadtmauer mit Toren, nur rückte der Palast vom Zentrum in den Norden, von dem nach Süden die große Hauptstraße zum Haupttor verlief, dem Südtor, die die Stadt axial in zwei Hälften teilte. In ihrer „klassischen" Ausgestaltung, die dann auf die Nachbarländer wirkte, nämlich in der chinesischen Hauptstadt der Sui- und Tang-Dynastie (ab dem 7. Jahrhundert bekannt als Chang'an, das heutige Xi'an), war die Stadt ferner in einzelne Blöcke unterteilt, die ihrerseits mit Mauern inklusive abends verschließbarem Eingangstor umgeben waren und der Stadt ein Schachbrettmuster verliehen. Hierin waren ferner religiöse Stätten wie Handelsplätze lokal festgelegt. Die Grundanordnung unterschied sich damit deutlich etwa vom Stadtmodell der europäischen Antike: Weder spielte die Straße per se eine zentrale Rolle noch markierte ein Forum als öffentlicher Platz das Zentrum der Stadt, vielmehr lag das politische und rituelle Zentrum im Norden, während dem Handel eine untergeordnete Funktion zugewiesen wurde und öffentliche Plätze als solche nicht vorkamen. Entsprechend zogen frühe europäische Reisende den Schluss, es gebe gar keine „Städte" (und „Städter") im europäischen Sinne.

Das Modell der chinesischen Herrscherstadt wurde in den umliegenden Ländern mit Abwandlungen übernommen. Das wohl bekannteste (wenn auch nicht das früheste) Beispiel, das japanische Heiankyō (heute: Kyōto) (ab Ende des 8. Jahrhunderts Hauptstadt), hielt sich der Form nach an das Vorbild Chang'an, doch fehlte ein signifikantes und für China so charakteristisches Element: die Stadtmauer. (Koreanische Hauptstädte wie Kŭmsŏng/heute: Kyŏngju oder Hansŏng/heute: Seoul hingegen übernahmen dieses chinesische Element). Auch sonst unterschied sich Heiankyō vom Vorbild darin, dass nur die wichtigsten, das heißt vor allem repräsentativen Elemente übernommen wurden, die Stadtanlage aber ansonsten auch etliche Leerflächen aufwies und somit nicht überall „ausgefüllt" war – im Kontrast zur damals ausgesprochen quirligen Millionenstadt Chang'an mit ihrem bunten Völkergemisch. Die geomantischen Vorstellungen dagegen waren für koreanische, japanische oder vietnamesische Hauptstädte nicht weniger wirkmächtig als in China. Bei Hauptstadtfestlegungen und -verlegungen in Korea und Japan ist die hohe Bedeutsamkeit, die der Geomantik zugemessen wurde, mehrfach schriftlich belegt.

Weitere Stadttypen

Neben der Herrscherstadt, welche verständlicherweise in besonderem Maße von Stadtplanung geprägt war, entwickelten sich zahlreiche Städte durchaus „ungeplanter", meist aus Handelsknotenpunkten und Marktflecken, zuweilen auch aus Militärgarnisonen an strategischen Orten. Typischerweise wurden sie in China und Korea jedoch stets ab einem gewissen Zeitpunkt von Mauern umgeben, was den eigentlichen Übergang zum „Stadtstatus" markierte. Die Mauern verliefen allerdings häufig nach topologischen Gegebenheiten und ähnelten eher einem Oval als der idealen rechteckigen Form bzw. wichen überhaupt von einer Regelmäßigkeit ab.

Ein ganz eigener Stadttyp entwickelte sich in Japan seit dem 16. Jahrhundert: Die Burgstadt (*jōkamachi*), deren Charakteristikum im damals bürgerkriegsgebeutelten Japan mit seinen vielen Machtzentren die dominierende Rolle der Festung war, um die sich die Stadt als solche anordnete. Nun bildeten auch hier Mauern (und Gräben) die Schutzgrenze, was aber nirgends in Ostasien bedeutete, dass die Städte nicht auch über ihre Begrenzungen hinaus gewachsen wären. Die hierarchisch strukturierte Burgstadt gewährte Zentralität des Wohnsitzes nach Rang: je höher gestellt, desto näher wohnte man an der Burg. Händler und Bauern dagegen wurden nur zum Teil von Mauern oder Zäunen geschützt. Ähnlich den Burgstädten erschienen zur etwa gleichen Zeit in Japan auch Tempelstädte, in denen religiöse Tempel eine in der Burgstadt der Festung zukommende Rolle spielten.

Ferner entwickelte sich auch in Ostasien dank der maritimen Verbindungen der Typus der Hafenstadt. Besonders zu erwähnen sind diejenigen, welche durch Kulturkontakt mit seefahrenden Fremden ein „interkulturelles" Gesicht erhielten: Bereits im 7. Jahrhundert machte sich die Präsenz seefahrender Araber in chinesischen Hafenstädten wie Kanton oder Quanzhou bemerkbar, die eigene Viertel und Kultstätten zugewiesen bekamen. In der Mongolenzeit hinterließen Araber, europäische Christen sowie Juden Spuren in Chinas Städten: ob über den See- oder den Landweg gekommen. Mit den seefahrenden Europäern ab dem 16. Jahrhundert und dem Regelungsbedürfnis bezüglich dieser neuen „Klientel" seitens der Regierungen in den ostasiatischen Ländern wurden eigene Ausländersiedlungen geschaffen, am bekanntesten im japanischen Nagasaki und seinem chinesischen „Pendant" Kanton, wo man mit der deutlich getrennten Wohnlage den Kontakt auf die reine Handelsebene zu beschränken suchte. Auch den ostasiatischen „Nachbarn" wurden oft eigene Wohngebiete zugeordnet, nicht zuletzt aus pragmatischen Erwägungen heraus, dass diese sich dann untereinander weitgehend organisierten, die Oberaufsicht von staatlicher Seite vereinfacht wurde und möglichst wenig Vermischung mit der einheimischen Bevölkerung erfolgte. Allerdings war die „Eindämmung" ausländischer Präsenz nirgends so weitgehend wie im japanischen Nagasaki mit den schließlich unter den Westlern allein zum Handel zugelassenen Holländern, welche auf einer aufgeschütteten Insel mit einer einzigen bewachten Brücke als Verbindung regelrecht „abgeschottet" wurden, während es Chinesen immerhin gestattet war, in ihrem Viertel in der Stadt zu leben.

Im 19. Jahrhundert drangen die Westler daher im Rahmen der „Ungleichen Verträge" auf die Einrichtung von Vertragshäfen und das Siedlungsrecht von Ausländern. Dabei gestaltete sich Letzteres in China zum Teil wieder abgegrenzt von der einheimischen Bevölkerung, aber nun in Form von Konzessionsgebieten mit eigener Rechtsprechung. Dies entsprach dem Wunsch der Europäer nach einem sicheren und den eigenen Bedürfnissen entsprechenden Wohnumfeld – in Abgrenzung von der angeblichen „Barbarei" der chinesischen Rechtsprechung, der man sich so entzog. (Im Zuge des Aufstiegs Japans gegen Ende des 19. Jahrhunderts sicherte auch dieses sich bald ähnliche Rechte wie die Westler in China und setzte selbstbewusst analoge Forderungen in Korea durch, während es in Japan den Ausländern seinerseits freies Siedlungsrecht einräumen musste). Einige der bis heute einflussreichsten Städte Chinas wurden maßgeblich von dieser Rolle als Vertragshafen mit Konzessionsgebiet bzw. als Kolonialgebiet geprägt wie Shanghai oder Hongkong. Städtebaulich beeinflusste das westliche Vorbild seit dem 19. Jahrhundert die Entwicklungen der ostasiatischen Städte, ob in Form von kompletten Ensembles wie im Falle des Ende des 19. Jahrhunderts im westlichen Stil mit Steinhäusern gebauten Ginza-Viertels in Tokyo, sei es in Planungsfragen, bei denen sich etwa chinesische Guomindang-Stadtplaner an Haussmans Paris orientierten und neue Elemente wie Boulevards in alte chinesische Städte einführten. Im Zuge seiner Kolonialpolitik baute Japan auch in seinen Kolonien Taiwan und Korea im frühen 20. Jahrhundert im westlichen Stil und experimentierte in der Mandschurei mit neuen Stadtmodellen. Westliche rezente Entwicklungen wie die Gartenstadt aus England oder bauliche Stilrichtungen wie Art déco fanden auch in Ostasien Anhänger und wurden rezipiert.

Urbanisierung

Über den Urbanisierungsgrad in Ostasien im Laufe der Geschichte hat es intensive Diskussionen gegeben. Neben der herkömmlichen Ansicht, dass Ostasien durchgängig bis zur Moderne ein ländlich geprägter Raum gewesen sei mit nur wenigen Städten, ist die Ansicht vertreten worden, dass der Urbanisierungsgrad sogar vergleichsweise hoch gewesen sei. Mark Elvin hat die These geäußert, dass China bereits um 1100 n. Chr. weltweit den höchsten Urbanisierungsgrad aufgewiesen habe. Auch das mingzeitliche China kann durchaus als „stadtgeprägt" gelten, wenn auch generell zu beachten ist, dass die Stadt-Land-Verbindung in Ostasien insgesamt weitaus weniger konträr zu sehen ist als im Westen. Vielmehr ist eine Stadt-Land-Kontinuität typisch, da die Stadtbewohner in der Vormoderne keine „eigene Identität" ausbildeten (und schon gar keine eigene Rechtsstellung wie in europäischen Städten des Mittelalters oder der frühen Neuzeit hatten, weshalb Max Weber nicht zu Unrecht vom europäischen Sonderfall gesprochen hat), sondern die Eliten landgebunden blieben. Während das oben erwähnte chinesische Chang'an zumindest im 7. und 8. Jahrhundert als „die" Metropole weltweit gelten konnte, wurde Edo, das heutige Tokyo, im 17. Jahrhundert zur größten Stadt der Welt: in beiden Fällen mit Einwohnerzahlen über eine Million. In Japan hatte insbesondere die lange Bürgerkriegssituation vor 1600 mit der Gründung der erwähnten Burgstädte zu einer rapiden Urbanisierung geführt, die in der folgenden Tokugawa-Zeit noch zunahm, während in China das Bevölkerungswachstum seit vor allem dem 18. Jahrhundert die Urbanisierungsraten absinken ließ (bei gleichzeitiger Zunahme von kleineren urbanen Zentren), so dass China erst im 20. Jahrhundert wieder den Urbanisierungsgrad steigerte und erst jüngst über die 50-%-Marke gekommen ist. In Korea wiederum, das bei lang etablierter Zentralstellung von Seoul dennoch bewusst und sehr lange seinen agrarischen Charakter bewahrt hatte, ist heute mit Seoul, der im 20. Jahrhundert am schnellsten gewachsenen Stadt ganz Ostasiens, welche als Metropolregion fast die Hälfte (!) der südkoreanischen Bevölkerung umfasst, eine weltweit fast einmalige Bevölkerungskonzentration entstanden. Entsprechend sind ostasiatische Städte wie Tokyo, Seoul, Chongqing oder Shanghai heute in der Spitzengruppe der weltweiten „Megacities" mit Einwohnerzahlen vertreten, die (unter Betrachtung als Metropolregion) auf 20 bis 35 Millionen (Raum Seoul, Chongqing oder Tokyo) beziffert werden. Entsprechend intensiv wird in Ostasien über Stadtplanung diskutiert.

Die Stadt: Soziale Aspekte

Die Urbanisierung war und ist eng verknüpft mit der Frage ländlicher Entwicklung und Binnenmigration: Da die Städte ländliche Bevölkerung durch Arbeits- und Aufstiegsmöglichkeiten anziehen, muss in der Stadt der Zuwachs verkraftet werden. Zeitweise hat dies auch in Ostasien zu Slumbildungen geführt. Mittlerweile ist dies jedoch fast überall überwunden, so dass Ostasien kein vergleichbares Bild zu manchen „Megacities" Südasiens oder Lateinamerikas abgibt. Allerdings bedeutet dies selbstverständlich nicht, dass es keine sozialen Probleme in den Städten gäbe: So sind Unterkünfte von Wanderarbeitern in China ein notorisches Problem, in Hongkong gibt es das Phänomen der „Käfigwohnungen" aufgrund des extremen Platzmangels und der entsprechend horrenden Immobilienpreise, während in Japan aus der Normalgesellschaft tendenziell ausgegrenzte Gruppen wie Koreaner oder die sogenannten *burakumin* (Japaner, die aus historischen, oft mit früher wenig angesehenen Berufen zusammenhängenden Gründen als „Paria" behandelt werden) inoffiziell eigene, faktisch segregierte Wohngebiete haben, auch wenn sich hier in den letzten Jahren manches entschärft hat.

Unterschiedliche Ansätze hat man in Ostasien in der Moderne mit dem sogenannten „Zoning" verfolgt: In der VR China entwickelte man mit der „danwei"-Struktur, die als Arbeits- und Wohneinheit das gesamte Leben des Einzelnen regelte, eine enge Verschränkung aller Lebens- und Wirtschaftsbereiche. In Taiwan, Südkorea und Hongkong war es nach dem Zweiten Weltkrieg typisch, dass Produktions- und Wohngebiete nicht getrennt wurden, sodass zum Beispiel in ein und demselben mehrstöckigen Haus auf einer Etage gewohnt und auf der nächsten produziert wurde. Dies brachte naturgemäß Probleme wie Umweltverschmutzung direkt ins Wohnumfeld. In Seoul versuchte man daher dann durch bewusste Grünanlagenplanung und „Zoning" die einzelnen Bereiche stärker lokal zusammenzufassen und damit Arbeits- und Wohnbereiche zu trennen. In diesen Kontext gehört auch die Entwicklung von Satellitenstädten, die in Südkorea, aber auch um die ostasiatischen Ballungszentren Shanghai, Peking und Tokyo verfolgt werden.

Die Stadt: Kulturelle Aspekte

Eine eigene Städterkultur bildete sich in Ostasien verhältnismäßig spät heraus, was an der engen Stadt-Land-Beziehung lag. In China bekamen mit der Song-Zeit ab etwa 1000 n. Chr. die Städte ein neues Gesicht in dem Sinne, dass unter anderem durch hohe Mobilität und städtischen Handel nun auch die Straße als solche bedeutsam wurde und sogar Straßennamen auftauchten. Städte schufen somit neue Identifikationsmöglichkeiten. Nicht von ungefähr wurde das Stadtleben nun auch Gegenstand bildlicher Darstellung. Vor allem mit der Ming-Zeit wurde das Städtertum besonders „populär": Reiseführer, die die kulinarischen oder sonstigen Besonderheiten der Städte und ihrer Etablissements (inkl. der Vergnügungsviertel) festhielten und den inländischen Tourismus anregten, zirkulierten vor allem ab dem 16. Jahrhundert und prägten ein spezifisches „Stadt-Image". Ganz Ähnliches findet sich in Japan, wo die Städterkultur vor allem in der Tokugawa-Zeit (17.-19. Jahrhundert) ihren Höhepunkt erlebte und die ersten Selbstbezeichnungen als „Tokyoer" („Edo-Kind") auf eine auch gefühlsmäßig stärkere Verbindung mit bzw. Stolz auf die eigene Stadt hinweisen. Während die Oberschicht aufgrund des speziellen japanischen Systems des *sankin kōtai*, wonach die Vasallen in regelmäßigen Zeitintervallen abwechselnd in ihrer eigenen Domäne auf dem Land und in der Hauptstadt residieren mussten, sich nie ganz mit Tokyo (damals: Edo) identifizierten, hatte sich damit unterhalb der Elite eine Städterkultur entwickelt mit unverwechselbarem Eigenkolorit.

Ländliche Entwicklung

Im Gegensatz zur Entwicklung der Städte wurde das Land, das lange als Reservoir für die Städte galt, erst spät bewusster Gegenstand von Entwicklungsmaßnahmen. Insbesondere in der VR China, die sich noch immer als Entwicklungsland definiert (im Gegensatz zu den anderen ostasiatischen Kernländern), steht ländliche Entwicklung weit oben auf der politischen Agenda. Der ländliche Raum wird dabei definiert als alles, was administrativ nicht „Stadtstatus" genießt, wobei vor allem der prozentuale Anteil der nichtbäuerlichen Erwerbstätigkeit das Kriterium abgibt. Dies ist zu bedenken, wenn von chinesischen „Dörfern" die Rede ist, die häufig für europäische Verhältnisse „riesig" sind. Der Agrarsektor hat inzwischen in allen ostasiatischen Ländern bezüglich seines Wirtschaftsanteils stark eingebüßt: In Südkorea und Japan ist er sehr gering, nur in der VR China liegt er noch an zweiter Stelle nach den Dienstleistungen. Von vor allem auch kulturell-identifikatorischer Bedeutung ist der Reis-Anbau, der in wirtschaftsbasierten historiographischen Erklärungsmodellen herangezogen wurde, um spezifisch ostasiatische Herrschaftsformen daraus abzuleiten. Der Reisanbau war nicht nur über lange Phasen der Geschichte der Motor der Entwicklung, sondern wird bis heute in allen ostasiatischen Ländern als Inbegriff der Landwirtschaft empfunden (und entsprechend subventioniert).

Die heutige Situation

Während ganz Ostasien heute stark städtisch geprägt ist und viele Probleme mit anderen Weltgegenden diesbezüglich teilt, ist gerade für Stadtplaner und Architekten Ostasien ein wichtiger Raum geworden, in dem man (noch) experimentieren kann. Im Zuge der massiven Ausweitung von Städten vor allem in China und Südkorea, wo genügend Raum zur Verfügung steht, um neue Städte aus dem Boden zu stampfen, wird mit neuen Stadtkonzepten experimentiert. So wurden etwa in China im Umland von Shanghai Satellitenstädte gegründet, die sich thematisch ausrichten: eine englische, eine niederländische, eine deutsche usw. Stadt, um den Städten ein spezifisches Gepräge zu geben (mit allerdings sehr unterschiedlicher Akzeptanz). In Japan wiederum hat man bereits früh versucht, eine neue „Science City" zu kreieren, wovon etwa die Planstadt Tsukuba, die in den 1960er-Jahren geplant und dann gebaut wurde, zeugt. Seoul versucht derzeit, sich als Öko-City neu auszurichten und die extreme Zentralstellung der Stadt durch die Schaffung eines weiter südlich gelegenen neuen administrativ-politischen Zentrums (Sejong City) abzumildern. Allerorten ist jedoch auch das Prestige-Bestreben, das höchste oder ausgefallenste Gebäude vorweisen zu können, zu beobachten, weshalb zahlreiche namhafte internationale Architekturbüros in Ostasien eines ihrer Hauptbetätigungsfelder sehen. Auf der anderen Seite ist das Fortwirken überkommener Vorstellungen nicht zu leugnen, wenn etwa in Hongkong auch westliche Stararchitekten standardmäßig einen Geomanten zu Rate ziehen, um sich die Akzeptanz ihrer Bauten bei den späteren Bewohnern zu sichern.

Inhaltliche Schwerpunkte und Problemorientierung im Unterricht
- ostasiatische Stadttypen
- der Prozess der Urbanisierung: Aspekte und Konsequenzen
- die ländliche Entwicklung und das Verhältnis Stadt-Land
- Entwicklung des Städtewesens in Europa und Ostasien im Vergleich
- *Mit welchen Konzepten begegnet man heute in Ostasien der zunehmenden Urbanisierung und welche Rolle spielt die Geschichte Ostasiens dabei?*

Literaturhinweise:

Feldbauer, Peter/Mitterauer, Michael/Schwentker, Wolfgang (Hrsg.): Die vormoderne Stadt. Asien und Europa im Vergleich. München: Oldenbourg, 2002.

Schwentker, Wolfgang (Hrsg.): Megastädte im 20. Jahrhundert. Göttingen: Vandenhoeck & Ruprecht, 2006.

10. Sozialisation

> **Modulziele**
> Dieses Modul soll die Schüler mit den zentralen Konzepten von Gesellschaft und der historischen Entwicklung von Erziehung und Bildungswesen in Ostasien bekannt machen. Es geht dabei auf die historische Rolle von Frauen und Jugendlichen ein.

Zur Begrifflichkeit

Der Begriff der Gesellschaft ist in den ostasiatischen Sprachen verhältnismäßig neu. Er wurde erst im Zuge der Modernisierung im späten 19. Jahrhundert nach westlichen Vorstellungen geschaffen. Den vormodernen Diskurs beherrschen Begriffe wie Klasse, Stand und Familie. Ziel dieser Einheit ist, deren Bedeutung aufzuzeigen und die Bedeutung des Schulwesens darzustellen, welches solche Selbstbilder und die damit verbundenen Verhaltens- und Lebensweisen in der Bevölkerung verbreitete. In den modernen Gesellschaften, die sich als homogene Solidargemeinschaften verstehen, in denen soziale Herkunft und Abstammung kein Grund für Sonderrechte darstellen, ist die Schulbildung dermaßen ausschlaggebend für den beruflichen und sozialen Erfolg geworden, dass man heute in Ostasien von „Bildungsganggesellschaften" spricht.

Die „vier Klassen"

In den vormodernen ostasiatischen Gesellschaften hingen Werdegang und Entfaltungsmöglichkeiten der einzelnen Menschen wesentlich davon ab, welchen gesellschaftlichen Gruppen, welche Abstammungsgemeinschaften und welchem Geschlecht sie angehörten. Den gemeinsamen ideologischen Hintergrund bildeten bis ins späte 19. Jahrhundert konfuzianische Vorstellungen vom Zusammenleben der Menschen (s. a. 11. Konfuzianismus). Idealtypisch teilte man dabei die Gesellschaft in den Herrscher mit seinem Anhang (Verwandte und Beamte) auf der einen Seite und die von ihm Beherrschten (Untertanen) auf der anderen Seite ein. Die Untertanen ordnete man vier Klassen zu: den Gelehrten oder Kriegern, den Bauern, den Handwerkern und den Kaufleuten. Die Kaufleute besaßen in dieser Vorstellung das geringste soziale Prestige, weil sie nichts produzierten. Zwischen diesen vier Klassen war ein Wechsel in der Theorie kaum möglich. Auf diese Weise sollte die Stabilität der Gesellschaft gewahrt bleiben. Allerdings waren diese Klassen nicht homogen. In jeder von ihnen entwickelten sich Unterschiede in Macht, Besitz und Ansehen. So gab es z. B. reiche Bauern, die viel Land besaßen, und arme Bauern, die ihr Land pachten mussten. Vermögenden Großkaufleuten standen Straßenhändler gegenüber. Auch innerhalb der Klasse der Gelehrten und Krieger, aus denen sich die bürokratischen und militärischen Eliten rekrutierten, gab es enorme Unterschiede. Es kommt der sozialen Realität daher näher, wenn man zusätzlich zu den Klassen Schichten oder Stände unterscheidet, denen die Menschen angehörten. Oft hatten die vermögenden und mächtigen Oberschichten quer über die Klassengrenzen hinweg mehr gemeinsame Interessen als mit den weniger gutgestellten Angehörigen ihrer eigenen Klasse.

Die Sonderstellung der Gelehrten und Krieger beruhte darauf, dass sie das Personal für die Verwaltung und Sicherung der Herrschaft stellten. Freilich zeigten sich auch hier sehr große Unterschiede. Prinzipiell verstand sich der Konfuzianismus als Friedensordnung. Deshalb stellte er die Zivilverwaltung und die zivilen Beamten über das Militär. Doch war auch klar, dass man das Militär brauchte, um die Herrschaft nach außen und innen zu verteidigen. In Zeiten außenpolitischer Bedrohungen oder innerer Wirren bildete sich deshalb häufig eine Vorherrschaft der Krieger heraus. Die Balance war schwer zu finden. In China genossen die zivilen Gelehrten meist das höchste Ansehen und die besten Aufstiegschancen in der kaiserlichen Verwaltung. Dies hing damit zusammen, dass militärische Ämter oft an Fremde vergeben wurden, während die zivilen zumindest theoretisch allen Chinesen offen standen. Man musste dafür allerdings strenge Prüfungen bestehen, die ohne eine gründliche Vorbereitung nicht zu bewältigen waren. Dazu gehörte das intensive Studium konfuzianischer Klassiker, die man am besten auswendig lernte, um sie in den geforderten Prüfungen zitieren zu können.

Das Prüfungswesen

Das chinesische Prüfungswesen diente dazu, Beamte für den Dienst am Kaiserhof zu rekrutieren. Solche Prüfungen wurden zuerst in der Sui-Zeit (6. Jahrhundert) eingeführt. Im Laufe der Jahrhunderte nahmen sie unterschiedliche Formen an, folgten jedoch ähnlichen Prinzipien. Grundsätzlich konnten sich alle Männer bewerben. Sie mussten sich allerdings in den konfuzianischen Klassikern, dem Schreiben von Gedichten sowie dem Verfassen von Aufsätzen gut auskennen. Diese Fertigkeiten wurden zunächst auf der Ebene der Provinzen in einem offenen Bewerbungsverfahren geprüft. Hierfür wurden große Prüfungslokale eingerichtet, in denen die Prüflinge hermetisch abgeriegelt ihre Aufgaben lösen mussten. Die erfolgreichen Kandidaten wurden dann für die zweite Ebene der Prüfung in der Hauptstadt des Reiches zugelassen. Wer auch diese Prüfung bestanden hatte, durfte an der Palastprüfung teilnehmen, bei welcher der chinesische Kaiser selbst die Aufgaben stellte. Hatte man auch diese Prüfung erfolgreich absolviert, standen einem die höchsten Hofämter offen. Es gab zwar nur relativ wenige Beamte im chinesischen Kaiserreich, aber den Prüfungen stellten sich viele Bewerber. Wie sie die zum Prüfungserfolg nötigen Kenntnisse erwarben, blieb ihnen überlassen. Ein richtiges öffentliches Schulwesen gab es nicht. In der Theorie besaß zwar jeder eine Chance, doch waren Angehörige von Familien im Vorteil, die reich genug waren, um ihren Nachwuchs gebührend zu fördern. Deshalb bildete sich faktisch im Laufe der Zeit eine Elite, deren Kinder immer wieder erfolgreich an diesen Beamtenprüfungen teilnahmen. Ein ähnliches Prüfungssystem wurde auch in Korea eingeführt, um die Beamten des koreanischen Königs auszuwählen. Allerdings waren die Angehörigen der *yangban* genannten erblichen Gelehrten- und Kriegerelite praktisch die einzigen, die Aussicht auf ein erfolgreiches Bestehen hatten. In Japan gab es ein solches Auswahlverfahren nicht. Hier waren es der Adel am Kaiserhof und die Krieger, die das faktisch erbliche Monopol auf eine Karriere im öffentlichen Dienst besaßen.

Am chinesischen Prüfungssystem gab es am Ende der Kaiserzeit heftige Kritik, weil es vor allem darauf hinauslief, dass die Prüflinge möglichst viel auswendig lernten. Mit den praktischen Problemen der Verwaltung und der Politik hatte diese Form von Ausbildung wenig zu tun. Einen Ausweg suchte man in Form der so genannten „Praktischen Wissenschaft", die auch die Anwendung westlicher Technik z. B. in der Landwirtschaft befürwortete.

Vormoderne Schulbildung

In der Frühen Neuzeit entstanden vielerorts in Ostasien private Schulen und Akademien, die auf die Beamtenprüfungen vorbereiten sollten. Ihre Angebote richteten sich oft auch an die Kinder wohlhabender Kaufleute und Bauern. Denn Schriftlichkeit wurde zu dieser Zeit zunehmend nicht nur für die Bürokratie, sondern auch für Alltagsgeschäfte, den Handel und die Kommunikation unter der allgemeinen Bevölkerung wichtig. So vermittelten solche Privatschulen elementare Kenntnisse im

Lesen, Schreiben und Rechnen. In Korea entstanden so genannte Schrifthallen (*sŏdang*), in Japan Schulen an Tempeln (*terakoya*) oder den Burgen der vielen Fürsten, so dass auch ohne die formale Einführung einer Schulpflicht am Ende der Frühen Neuzeit ein Großteil der männlichen Bevölkerung und ein gewisser Teil der weiblichen Bevölkerung einigermaßen lesen und schreiben konnte.

Schulpflicht und Nachhilfeschulen

Die Schulpflicht nach westlichem Muster wurde in Japan 1872 eingeführt. Einerseits orientierte sie sich an den westlichen Vorbildern, insbesondere der in England und in Deutschland vorherrschenden Pädagogik. Andererseits musste man eigene Wege suchen, um die besonderen kulturellen Traditionen in Ostasien in ein modernes Schulwesen zu integrieren. Am stärksten betraf dies den Sprachunterricht. Da man in Japan daran festhielt, chinesische Schriftzeichen zu benutzen (obwohl intensiv diskutiert wurde, ob man nicht besser wie in Vietnam eine Lateinschrift einführen sollte), waren vor allem die ersten Jahre der Grundschule mit dem Erlernen der Schriftsysteme angefüllt. Man begann, die Zahl der Schriftzeichen, die im Unterricht zu lehren waren, zu vereinheitlichen und zu reduzieren. Doch erst nach dem Zweiten Weltkrieg entschied man sich dafür, auch die Schreibung der kompliziertesten Zeichen deutlich zu vereinfachen und auch in den Zeitungen nur solche Schriftzeichen zu verwenden, die im Unterricht gelehrt wurden. Diese Reformen waren insofern sehr erfolgreich, als dadurch das Analphabetentum relativ bald und vollständig bekämpft werden konnte. Dadurch war es möglich, japanische Jugendliche und Erwachsene schnell auf die Anforderungen der modernen Staatsverwaltung, des Militärs und des Berufslebens vorzubereiten. Allerdings hielt man (anders als in Deutschland) daran fest, dass der Aufstieg in höhere Schulstufen, ein Universitätsstudium oder eine Karriere im Verwaltungsdienst oder in einem Großunternehmen an das Bestehen strenger Eingangsprüfungen geknüpft wurden. In diesem Sinne bewahrte man also das frühere Erbe des ostasiatischen Prüfungswesens. Es reichte daher nicht aus, eine staatliche Schule zu durchlaufen und abzuschließen, um sich bei den Eingangsprüfungen gegen die zahlreichen Mitbewerber durchzusetzen. Wer erfolgreich sein wollte, besuchte deshalb neben den staatlichen Schulen zusätzlich private Bildungseinrichtungen. In Japan nennt man solche Nachhilfeschulen und Einrichtungen zur Prüfungsvorbereitung *juku*. Auch in Südkorea sind solche Privatschulen sehr verbreitet. Die wichtigsten Prüfungen im Leben eines japanischen oder koreanischen Schülers sind die Prüfung zum Übergang auf eine Oberschule und die Prüfung zum Eintritt in eine Universität. Viele Eltern schicken ihre Kinder zur Vorbereitung auf diese Prüfungen auf private Nachhilfeschulen, weil sie glauben, dass die vom Staat gewährleistete schulische Bildung hierfür nicht ausreicht. Allerdings sind diese Zusatzangebote sehr teuer. Hinzu kommt, dass es neben den staatlichen Schulen in Japan, Südkorea und Taiwan auch ein ausgebautes Netz privater Schulen und Hochschulen gibt, die sich privatwirtschaftlich finanzieren. Es kann in diesen Ländern deshalb sehr teuer sein, seinen Kindern eine hochwertige Ausbildung zukommen zu lassen. Auch in der Volksrepublik China, in der nach der chinesischen Revolution zunächst der Kampf gegen das Analphabetentum mit großem Erfolg geführt wurde, sind die Kosten einer Bildungskarriere, die den Schlüssel zu einer modernen Berufskarriere bildet, inzwischen horrend. Die hohen Kosten des Bildungswesens sind, wie Soziologen vermuten, eine direkte Ursache dafür, dass die Geburtenrate in Japan und Südkorea seit den 1980er-Jahren dramatisch gesunken ist.

Gleichberechtigung der Frauen

In vormoderner Zeit war schulische Bildung im Wesentlichen ein Privileg der Männer. In der Moderne hat sich dies geändert.

Zwischen Männern und Frauen gibt es in Ostasien heute kaum noch Unterschiede, was ihre Schulbildung angeht. Dies hängt damit zusammen, dass Frauen, die noch bis zum Zweiten Weltkrieg in allen ostasiatischen Gesellschaften nur sehr eingeschränkten Zugang zur Arbeitswelt hatten, seither in immer größerem Maße in Berufen tätig sind, für die sie eine schulische oder universitäre Ausbildung benötigen. Die Zahl der Hausfrauen, die sich, wie es das traditionelle Frauenbild erwartete, ausschließlich um die Erziehung der Kinder, die Führung des Haushaltes, das Waschen und Kochen kümmern, ist in den letzten Jahrzehnten kontinuierlich zurückgegangen. Seit dem Ende des 20. Jahrhunderts ist es die Regel, dass Frauen, die in den ostasiatischen Ballungsgebieten leben, außerhalb des Hauses berufstätig sind.

Im öffentlichen Leben sind Frauen als Politikerinnen, Wissenschaftlerinnen, Künstlerinnen, Medienstars, Sportlerinnen usw. heute keine Ausnahme mehr. In Korea wurde 2012 erstmals eine Frau zur Staatspräsidentin gewählt. Frauen haben damit heute erheblich mehr Entfaltungsmöglichkeiten, als dies in den traditionellen Gesellschaften Ostasiens der Fall war.

Die Gleichberechtigung der Frauen, die seit dem Ende des 19. Jahrhunderts das Anliegen der ostasiatischen Frauenbewegungen ist, ist ein Beispiel für das Bestreben, soziale Ungleichheiten in den modernen Gesellschaften zu beseitigen. Solche Ungleichheiten hat es von alters her stets gegeben. Der Konfuzianismus hat sie in der oben dargestellten Theorie der vier Klassen der Gesellschaft zur Ideologie erhoben. Faktisch gab es in jeder Gesellschaft Gruppen, die besondere Vorrechte genossen wie der Adel im alten Japan, die Beamten im kaiserlichen China, die Krieger im japanischen Mittelalter, die Gelehrten im frühneuzeitlichen Korea oder bisweilen auch die buddhistischen Geistlichen. Diese Gruppen wurden wiederum von Männern dominiert. Zudem gab es Gruppen, die unter Diskriminierung litten oder deren persönliche Freiheitsrechte eingeschränkt waren. Noch bis ins 19. Jahrhundert sind verschiedene Formen von

Sklaverei und Knechtschaft verbreitet gewesen. Die Freiheit der Berufswahl, die Freizügigkeit und auch die Religionsfreiheit waren auf vielerlei Weise eingeschränkt. Beispielsweise wurden Buddhisten und Christen in verschiedenen Perioden der ostasiatischen Geschichte verfolgt. Bauern war es oftmals nicht erlaubt, ihr Land zu verkaufen, ihre Scholle zu verlassen und sich eine bessere Zukunft in den Städten zu suchen.

Nationenbildung

Die nationalistischen Bewegungen des 19. Jahrhunderts hatten zum Ziel, modernere Nationen zu formen, in denen solche Unterschiede keine Rolle mehr spielten. Einerseits begannen die Reformer daher damit, Privilegien und Diskriminierungen abzubauen und mehr Gleichheit in ihren Gesellschaften walten zu lassen. Andererseits tolerierten sie nun auch keine Sonderrechte mehr für ethnische Minderheiten, die zum Beispiel ihre eigenen Sprachen oder religiösen Bräuche pflegen wollten. Viele erlebten daher die Modernisierung als erzwungene Abkehr von ihren gewohnten Lebensbedingungen. In Japan wurden in den 1870er-Jahren westliche Kleidung und westliche Haartracht mit Polizeigewalt durchgesetzt. Auch das gemeinsame Baden von Männern und Frauen in den öffentlichen Badeanstalten wurde untersagt, weil es den westlichen Vorstellungen von sexuellem Anstand widersprach. In China wurde nach der Revolution von 1911 das Tragen des traditionellen Haarzopfes unter Strafe gestellt. Es wurde auch verboten, kleinen Mädchen die Füße zu brechen und zu bandagieren, damit sie als Erwachsene die dem bisherigen Schönheitsideal entsprechenden „Lotosfüße" behielten. Auf verschiedene Weise griff die moderne Gesellschaft in das Alltagsleben der Menschen ein. Die Schulpflicht war ein besonders schwerwiegender Eingriff. Denn die Schulen dienten ausdrücklich dazu, aus Jungen und Mädchen, aus den Kindern aller Gesellschaftsschichten eine einheitliche, gleiche Nation zu bilden. Dafür wurden die modernen Nationalsprachen geschaffen, während die bis dahin üblichen Dialekte und Varietäten im öffentlichen und schulischen Leben nicht mehr erwünscht waren. Im Geschichtsunterricht sollten die Kinder ihre nationale Geschichte verinnerlichen, um sich als Teil einer idealen Schicksalsgemeinschaft zu verstehen. Dass es tatsächlich immer noch sexuelle Diskriminierung und die Unterdrückung von Minderheiten gab, wurde verschwiegen. Allerdings bildeten sich Gewerkschaften, Parteien und Bewegungen, die sich als Interessenvertreter der Benachteiligten verstanden und diese Themen mit Hilfe der neu entstehenden Massenmedien öffentlich machten, Reformen einklagten und im äußersten Fall sogar Revolutionen planten. Seit den 1920er-Jahren waren kommunistische Gruppierungen in ganz Ostasien zu finden, die unter dem Eindruck der Revolution in Russland ein „Erwachen Asiens" (W.I. Lenin) herbeiführen wollten. Ihnen standen Bewegungen gegenüber, die nationale Einheit anstelle eines revolutionären Bürgerkrieges setzen wollten. In China entwickelte sich hieraus der blutige Gegensatz zwischen Nationalisten und Kommunisten, in Japan die autoritäre Herrschaft der auf das Militär gestützten Nationalisten, die das Land schließlich in den Krieg mit seinen Nachbarn und den westlichen Alliierten führen sollten. Nach dem Zweiten Weltkrieg wurden daher in allen ostasiatischen Ländern Reformen durchgeführt, welche die bis dahin gefährlichsten sozialen Ungleichheiten beseitigen sollten. Dazu gehörte insbesondere die Emanzipation der Bauern. Auch die Frauenrechte wurden jetzt entscheidend gestärkt, Frauen durften sich erstmals an Parlamentswahlen beteiligen.

Jugend und Reform

Die Rolle der Jugend änderte sich nach dem Zweiten Weltkrieg in Ostasien erheblich, weil in allen Ländern umfassende Schulreformen, aber darüber hinaus auch tief greifender sozialer Wandel stattfand. In der Volksrepublik China wurden in den

1960er-Jahren die so genannten Roten Garden unter der Anleitung von Mao Zedong zum Träger der so genannten Kulturrevolution, in der mit den alten Eliten der kommunistischen Bewegung abgerechnet wurde. Damit verwandt sind die Studentenbewegungen in Südkorea und Japan, die zur selben Zeit gegen die Herrschaft der alten Männer im politischen Establishment kämpften. In Südkorea waren die Studenten in den 1980er-Jahren wesentlich daran beteiligt, die Militärdiktatur zu bekämpfen und zu überwinden. In der Volksrepublik China kam es im Juni 1989 zu Versammlungen und Demonstrationen für Demokratisierung und politische Reformen, die vor allem von Studenten getragen wurden. Das politische Engagement der Jugendlichen in Ostasien ist seither allerdings deutlich zurückgegangen, seit sie zum festen und finanzkräftigen Bestandteil der Konsumgesellschaft geworden sind und sich gleichzeitig zur Wahrung ihrer Berufschancen auf ihre schulischen und universitären Karrieren konzentrieren.

Der Wandel der Familienstrukturen

In der traditionellen chinesischen und koreanischen Gesellschaft war neben dem Staat die über viele Generationen hinweggreifende Abstammungsgemeinschaft eine wichtige Stütze der Gesellschaft. Die Menschen definierten ihre soziale Rolle zu einem wesentlichen Teil über ihre Einbindung in komplexe und hierarchische Verwandtschaftsstrukturen. In Japan dagegen waren diese Bindungen schon in alter Zeit nicht so stark wie auf dem stärker konfuzianisch geprägten ostasiatischen Kontinent; hier begannen sich bereits in der frühen Neuzeit (mit der Ausnahme von traditionsreichen Adels- und Kriegerhäusern) Kleinfamilien aus den großen Familienverbänden zu lösen. Durch die Modernisierung der Arbeitswelt und durch die Entstehung der modernen Nationen, welche sich als neue Solidargemeinschaften an die Stelle der Familienverbände setzten, beschleunigten sich diese Prozesse. Seit der Mitte des 20. Jahrhunderts ist die

Kleinfamilie in ganz Ostasien die gesellschaftliche und juristische Norm. Nach dem Übergang von Agrar- zu Industriegesellschaften wird Kinderreichtum nicht mehr als zwingend notwendig für Wohlstand und Altersversorgung angesehen. Obwohl die Bevölkerung in Ostasien nach dem Zweiten Weltkrieg zunächst stark wuchs, führten steigende Lebenshaltungskosten, die zunehmende Integration der Frauen in den Arbeitsmarkt und soziale Altersversorgungssysteme in den kapitalistischen Ländern Ostasiens allmählich und seit den 1990er-Jahren in zunehmendem Maße zu einem Rückgang der Geburtenrate. In der Volksrepublik China wurde 1979 die Ein-Kind-Politik eingeführt, um den Bevölkerungsanstieg zu bremsen. Kernfamilien mit einem oder zwei Kindern sind deshalb heute in ganz Ostasien der vorherrschende Familientyp. Da sich gleichzeitig die Lebenserwartung enorm gesteigert hat, sind die ostasiatischen Gesellschaften stärker noch als die europäischen vom demographischen Wandel betroffen; das heißt, dass der Anteil der alten Menschen in den kommenden Jahrzehnten denjenigen der jungen übertreffen wird und die Bevölkerungen langfristig schrumpfen werden.

Inhaltliche Schwerpunkte und Problemorientierung im Unterricht
- vormoderne Gesellschaftsstrukturen in den ostasiatischen Gesellschaften
- Prüfungssysteme und Bildungswesen
- Nation und sozialer Wandel
- Ansätze zur Überwindung der sozialen Ungleichheit (Fallbeispiel: Gleichberechtigung der Frau)
- *Inwiefern hat die Modernisierung in den ostasiatischen Gesellschaften zu einer Angleichung Ostasiens an den Westen geführt?*

Literaturhinweise:

Byun-Brenk, Won-Lim: Frauen in Korea – Eine Kulturgeschichte. Thunum: Edition Peperkorn, 2005.

Chuang, Yatzu: Modernisierung und Erweiterung des staatlichen Bildungswesens in Taiwan im Zeitraum von 1885 bis 1987. Dissertation: Göttingen, 2011. (http://ediss.uni-goettingen.de/handle/11858/00-1735-0000-0006-AF18-A)

Coulmas, Florian: Die Gesellschaft Japans: Arbeit, Familie und demographische Krise. München: Beck, 2007.

Gassmann, Robert H.: Verwandtschaft und Gesellschaft im alten China: Begriffe, Strukturen und Prozesse. Frankfurt/M.: Peter Lang, 2006.

Neuss-Kaneko, Margret: Familie und Gesellschaft in Japan. Von der Feudalzeit bis in die Gegenwart. München: Beck, 1990.

11. Konfuzianismus

Modulziele

Die Beschreibung von ostasiatischer politischer Kultur und sozialen Verhaltensweisen als „konfuzianisch" gehört zu den beliebtesten Klischees der medialen Berichterstattung über diese Region. Dabei bleibt oft völlig unklar, was mit „konfuzianisch" gemeint ist. Da der Konfuzianismus nur mit Mühe in die Kategorien „Religion" oder „Philosophie" einzuordnen ist, bietet die schulische Ausbildung in der Regel wenig Gelegenheit, ein klareres Verständnis zu erwerben; dem soll dieses Modul abhelfen. Eine Beschäftigung mit der Verbreitung des Konfuzianismus in Ostasien, die zugleich die Grenzen seiner Wirksamkeit und seines Erklärungspotentials für heutige Erscheinungen vermittelt, kann zu einer Sensibilisierung der Schüler für die Notwendigkeit eines differenzierten Umgangs mit Kulturunterschieden beitragen.

Konfuzius und seine Lehren

Das Wort „Konfuzianismus", heute ein in allen westlichen Sprachen gängiger Begriff, wurde von den seit dem 16. Jahrhundert in China Mission treibenden Jesuiten geprägt; es geht zurück auf den Familiennamen des Konfuzius, chinesisch *Kong*, und einen respektvollen Ausdruck für „Meister", chinesisch *fu-zi*. Auch wenn in Ostasien selbst kaum von „Konfuzianismus" die Rede ist, sondern der zumeist als „Konfuzianismus" übersetzte Begriff wörtlich schlicht „Lehre der Schriftgelehrten" bedeutet, ist diese Lehre doch seit zweitausend Jahren von einem Rückbezug auf die Person des historischen „Meister Kong" geprägt.

Dieser Mann, unter dem Namen Kong Qiu zwischen 550 und 552 v. Chr. im chinesischen Staate Lu geboren (die Zentralmacht der Zhou war zu diesem Zeitpunkt verfallen und ihr Reichsgebiet in viele miteinander konkurrierende Staaten aufgeteilt), hatte eine wechselvolle, insgesamt aber wenig erfolgreiche Karriere als Fürstenberater und scharte zugleich, wie es für diese Berufsgruppe üblich war, eine Reihe von Schülern um sich, die nach seinem Tod 479 v. Chr. seine Lehren weitertrugen. Als wichtigste Quelle für diese gelten die „Gespräche des Konfuzius", *lunyu*, die allerdings erst Jahrhunderte nach seinem Tod in ihrer heutigen Form kompiliert worden sein dürften, sodass das „wahre" Denken des Konfuzius sich kaum rekonstruieren lässt. In diesem Text – einer Sammlung kurzer, anekdotischer Notate von Aussprüchen des Konfuzius oder Gesprächen mit seinen Schülern – erscheinen die Lehren des Konfuzius (bzw. derer, die sich im 2. Jahrhundert v. Chr. dieser Überlieferung annahmen) als ein weitgehend rationalistisches, diesseitiges Denken, in dem hohe Priorität der Bildung im Sinne der Kenntnis des schriftlichen Erbes, vor allem aber im Sinne der Ausbildung eines moralischen Charakters eingeräumt wird und in dem Loyalität, aber auch Reziprozität hohe Werte sind. Der wohl einzige abstrakte Leitsatz, der sich darin findet, ist die – weltweit früheste – Formulierung der „Goldenen Regel", die auch dem kategorischen Imperativ zugrunde liegt: „Was ich nicht will, dass andere mir zufügen, das will ich auch nicht anderen zufügen". Ansonsten bestechen die Gespräche des Konfuzius gerade durch den Pragmatismus, mit dem Antworten auf Schülerfragen stets als auf deren moralischen Entwicklungsstand zugeschnitten erscheinen. Als konstitutiv für den Konfuzianismus gelten die kritische Loyalität gegenüber dem Herrscher, die Hochhaltung der Solidarität und die Einhaltung von Hierarchien innerhalb der Familie, und die nach sozialer Nähe bzw. Entfernung abgestufte Nächstenliebe.

Die Entstehung und Entwicklung eines „Konfuzianismus" in China

Konfuzius selbst war zunächst nicht sehr einflussreich; dennoch führten sich bis zum 3. Jahrhundert v. Chr. verschiedene Schultraditionen unter den Schriftgelehrten auf ihn zurück. Besonders bedeutsam wurden darunter die des Meisters Meng (Mengzi, 379-289 v. Chr.), in seiner latinisierten Form als Menzius bekannt, der mit seiner Lehre von der grundsätzlichen Güte der menschlichen Natur vor allem im Neo-Konfuzianismus (s. u.) aufgegriffen wurde, und sein späterer Gegenspieler Xunzi (ca. 300-235 v. Chr.), der eine inhärente Schlechtigkeit des Menschen nicht ausschloss und Maßnahmen zu seiner Disziplinierung für notwendig hielt. Im Zuge der Herausbildung des Beamtenstaates und eines damit verbundenen staatlichen Bildungssystems im 1. Jahrhundert v. Chr., also in der frühen Kaiserzeit, verschmolzen diese verschiedenen Schulrichtungen zu einer sich als einheitlich verstehenden „konfuzianischen" Überzeugung der gelehrten Beamtenelite. Sie gewann diese Identität in der Abgrenzung von anderen Denkrichtungen, vor allem von den „Legalisten", die das Gemeinwesen durch feste Regeln und Gesetzgebung lenken wollten; demgegenüber zeichnet sich das konfuzianische politische Denken durch eine Betonung von persönlicher Moral und von Entscheidungen durch Rückgriff auf Präzedenzfälle aus dem kanonischen Erbe aus. Der Konfuzianismus, der zu dieser Zeit vor allem von Angehörigen bedeutender Clans vertreten wurde, die ihre Prärogative gegenüber der Zentralmacht verteidigen wollten, stand also für eine Politik des Ausgleichs zwischen Machtinteressen und der Einschränkung monarchischer Allmacht durch Verweis auf die Mängel der jeweiligen Herrschaft im Lichte des idealisierten Staatswesens des Altertums. Das typische Verhältnis des Konfuzianers zum Herrschenden ist daher wie gesagt eines der kritischen Loyalität, keineswegs ein unterwürfiges.

Wenngleich die Lehren des Konfuzius prinzipiell auf das diesseitige Leben konzentriert waren – Konfuzius lehnte es laut der „Gespräche" ab, mit seinen Schülern über metaphysische Dinge zu sprechen –, enthält der spätere Konfuzianismus, der ja zum Hüter der kanonischen Schriften des chinesischen Altertums wurde, auch diffuse religiöse Elemente. Das beginnt mit der Verehrung des „Himmels", der als apersonale Schicksalsmacht gesehen werden konnte, aber auch identifiziert werden mit dem „obersten Ahngott". Diese Deutungsoffenheit gilt auch für den die ganze Kaiserzeit hindurch, also bis zum Beginn des 20. Jahrhunderts, praktizierten Staatskult der Opfer an Himmel und Erde, der vom Kaiser auszuführen war, aber stets unter der Ägide konfuzianischer Beamter, die damit auch einen rituellen Platz am Kaiserhof einnahmen. Noch bedeutsamer war der familiäre Ahnenkult, der als wichtiger Ausweis der konfuzianischen Primärtugend, der kindlichen Pietät (also Liebe zu den Eltern) galt, bei dem aber ebenfalls der ontologische Status der verehrten Ahnen – als manifeste Seelen oder als nur symbolische Entitäten – nicht festgeschrieben war. Dieser Kult, der älter ist als der Konfuzianismus und im Wesentlichen dem familiären Zusammenhalt diente, wurde im Zuge der Abgrenzung des Konfuzianismus von Taoismus und Buddhismus als „konfuzianisch" markiert. Man kann also etwas vereinfacht sagen, dass der Konfuzianismus dadurch ein religiöses Element gewann, dass er sich eben nicht nur von anderen Staatslehren, sondern auch von religiösen Denkrichtungen abgrenzen musste.

Neo-Konfuzianismus: die metaphysische Aufladung des Konfuzianismus vom 11.-14. Jahrhundert

Etwa bis zum Ende des 1. Jahrtausends n. Chr. hielt sich der Konfuzianismus auf diese Weise als Staats- und Gesellschaftslehre, als Wahrer eines begrenzten staatlichen Ritus und als kanonisches Bildungsgut, ohne jedoch gegenüber Taoismus und Buddhismus eine herausragende Stellung einzunehmen; im Gegenteil war er bis zum Ende der Tang-Zeit gegenüber den Letzteren insofern institutionell im Nachteil, als er nicht wie sie über ein weitgespanntes Netz von Tempeln und Klöstern mit einem entsprechenden Klerus verfügte. Trotz Versuchen zur ausgehenden Tang-Zeit, die wirtschaftliche Übermacht gerade des Buddhismus einzuschränken, die mit heftigen ideologischen Angriffen von Vertretern der mittels der konfuzianischen Klassiker ausgebildeten Beamtenschicht und ersten Versuchen einer Aufwertung des Konfuzianismus einherging, kam es doch erst im 11. Jahrhundert zu einer Wende, die dem Konfuzianismus auf Dauer größere Geltung verschaffte. Ein wichtiger Grund dafür dürfte daher das Bedürfnis der chinesischen Oberschicht gewesen sein, sich von den in dieser Zeit aus dem Norden ins chinesische Kernland einströmenden und teils sehr einflussreichen fremden Kulten abzugrenzen.

Diese Aufwertung des Konfuzianismus ging einher mit einer grundlegenden Neuinterpretation, der es gelang, ihn einerseits als rational von den verschiedenen Erscheinungen der Volksreligiösität abzuheben, während gleichzeitig sein metaphysisches Erklärungspotential erheblich gesteigert wurde – nicht zuletzt durch Anleihen bei den konkurrierenden Religionen, sowohl was Kosmologie (stark den taoistischen Lehren angelehnt) als auch was Meditationspraktiken betraf. Aus dem reichen klassischen Schrifttum wurde eine Handvoll als besonders handlungsleitend angesehener Schriften herausgehoben und als die „Vier Bücher" kanonisiert. In diesem Kanonisierungsprozess wurden vor allem die Lehren des Menzius hervorgehoben: Seine Auffassung von der grundsätzlich guten Natur des Menschen passten zum neuen Akzent auf der Selbstkultivierung des Literaten als Basis der moralischen Legitimation der politischen Hegemonie der Literatenschicht. Dazu gehörte schließlich auch eine neue Auffassung von „Lernen", weg von der schlichten Teilhabe an einer Tradition durch Studium und Imitation, hin zu Lernen als Erwerb der Fähigkeit zu unabhängigem Urteil.

Begründet wurde diese Bewegung im 11. Jahrhundert in Südchina. Erst in den Händen von Zhu Xi (1130-1200) wurde aus dieser lokalen, südchinesischen Lehrtradition ein umfassendes Lehrgebäude, das weit über China hinaus wirksam werden sollte. Wichtige Faktoren für diesen Erfolg des Zhu Xi waren die Tatsache, dass er durch seine eigene Biographie – Proteste gegen Korruption, die ihn in erhebliche Schwierigkeiten brachten – das politische Potential seiner Lehre unter Beweis stellte, und seine Konzentration auf das Heranziehen von Schülern, gestützt durch die Gründung einer eigenen Akademie. Bald waren die neokonfuzianischen Positionen unter den chinesischen Gelehrten weithin bekannt. 1313 wurden sie – ausgerechnet von den mongolischen Fremdherrschern – zur verbindlichen Grundlage in den (in diesem Jahr nach Jahrzehnten wieder aufgenommenen) staatlichen Beamtenprüfungen erhoben; sie behielten diesen Rang als offizielle Orthodoxie bei bis zum Ende der chinesischen Kaiserzeit. Erst in dieser neuen Gestalt konnte der Konfuzianismus zu einer in ganz Ostasien einflussreichen ideologischen Kraft werden.

Die Aufnahme des Konfuzianismus und Neokonfuzianismus in Korea und Japan

„Konfuzianismus" im Sinne eines Schriftgelehrtentums, in dessen Rahmen die wesentlichen chinesischen Institutionen und Techniken der Verwaltung tradiert wurden, hatte freilich auf der koreanischen Halbinsel bereits in den ersten Jahrhunderten nach Christus Einzug gehalten, als ein chinesischer kolonialer Stützpunkt in der Gegend des heutigen P'yŏngyang die umliegende Bevölkerung mit den chinesischen Kulturtechniken vertraut machte und ihnen zugleich eine Art „Modernisierungsschub" aufzwang. Aus allen drei Reichen, die in dieser Zeit auf der koreanischen Halbinsel um Vorherrschaft stritten, Koguryŏ im Norden, Paekche im Südwesten und Silla im Südosten, wissen wir, dass konfuzianische Gelehrsamkeit gepflegt wurde. Nach japanischer historischer Legende brachte bereits im späten 4. Jahrhundert ein Gelehrter aus Paekche die „Gespräche des Konfuzius" und anderes chinesisches Bildungsgut nach Japan. Möglicherweise ist diese Überlieferung allerdings das Ergebnis einer Rückprojektion von Ereignissen des späten 6. Jahrhunderts, für das eine solche Übermittlung chinesischen Wissens via Paekche nach Japan besser belegt ist. In jedem Fall kam es in Japan im frühen 7. Jahrhundert zu einer Art Institutionalisierung dieses Wissens, als konfuzianisch geprägte Leitlinien für das Staatswesen festgelegt wurden. Bis zu diesem Zeitpunkt hatte sich also Konfuzianismus als politisches und historisches Denken mit Rückbezug auf Konfuzius und die chinesischen klassischen Schriften in ganz Ostasien durchgesetzt, genauso wenig wie in China selbst zu dieser Zeit wurde er jedoch als umfassende Welterklärung mit Ausschließlichkeitsanspruch verstanden.

Dies änderte sich mit der Einführung des Neokonfuzianismus in Korea in der Mongolenzeit. Die pax mongolica bedeutete auch für Korea, damals beherrscht von der Koryŏ-Dynastie (918-1392), sowie für große Teile Eurasiens eine sonst selten gekannte Mobilität und damit einhergehende engste Kontakte des Hofs und der Gelehrtenschicht nach China, was dem raschen Transport von Ideen Vorschub leistete. So wurden bereits vor der erwähnten Einführung eines neokonfuzianischen Kurrikulums in die chinesische Beamtenprüfung die wesentlichen Neuerungen der Lehren des Zhu Xi durch koreanische Gelehrte ins Land gebracht. In Privatakademien verbreitet, wurden sie zur Grundlage eines neuen Verständnisses von Herrschaftslegitimation, als nach dem Sturz der Mongolen in China die stark auf buddhistische Vorstellungen vom Boddhisattva-Königtum gestützte Koryŏ-Dynastie zu wanken begann, und zur ideologischen Stütze bei der Gründung der neuen Dynastie Chosŏn (1392-1911). Damit begann, ungeachtet der vorangegangenen tausend Jahre konfuzianischen politischen Denkens in Korea, die eigentliche, nämlich gesellschaftliche „Konfuzianisierung" Koreas: In einem Jahrhunderte währenden Prozess wurde die chinesisch-konfuzianische strikt patrilineare Familienstruktur (mit einhergehendem Ausschluss des weiblichen Nachwuchses vom Erbe, Gebot der Witwenkeuschheit etc.) und die dazugehörigen Ritualformen (Kappungs-Zeremonie als Übergangsritus in den Erwachsenenstatus, Begräbnisrituale, Ahnenverehrung) in den oberen Schichten durchgesetzt, von denen sie dann, allerdings erst gegen Ende der Chosŏn-Zeit, in die tieferen Gesellschaftsschichten diffundierten. Dieser Prozess wurde möglich gemacht durch eine intensive ideologische Ausrichtung des neuen Staatswesens am Neokonfuzianismus, der – auf Kosten des in die räumliche und soziale Peripherie abgedrängten Buddhismus – alleinige Geltung beanspruchte, und zwar in der als Orthodoxie geltenden Fassung durch Zhu Xi. Nach Japan gelangte die Welle des Neokonfuzianismus erst deutlich später, und zwar ebenfalls im Zuge einer politischen Neuordnung: Das Interesse an den im 15. und 16. Jahrhundert durch buddhistische Mönche ins Land gebrachten neokonfuzianischen Schriften erstarkte erst im 17. Jahrhundert, als im Zuge der Landeseinigung auch eine stärker zentralisierte Verwaltung eingeführt wurde. Auch hier wurde der Neokonfuzianismus sowohl als Wissenssystem als auch als Morallehre einflussreich, ohne jedoch einen ähnlichen Orthodoxie-Status wie in China und vor allem Korea zu erreichen: Japan blieb auch in philosophischer Hinsicht pluralistisch.

Kreative Weiterentwicklungen des (Neo-)Konfuzianismus

Die durch ihren Status als Grundlage der Beamtenprüfungen aufrechterhaltene Vormachtstellung der Zhu Xi-Orthodoxie hinderte chinesische Gelehrte nicht an neuen Zugängen zur (neo)konfuzianischen Lehre. Als bedeutendster Weiterentwickler des Neokonfuzianismus ist Wang Yangming (1472-1529) zu nennen, ein hochrangiger Beamter und erfolgreicher Feldherr, der meditative Selbstkultivierung über Bücherstudium stellte und an eine intuitive Erkenntnis von Gut und Böse glaubte. Hier wird ein deutlicher Einfluss des Zen-Buddhismus sichtbar. Seine Schule gewann in China viele Anhänger und brachte bis zur Wende zum 17. Jahrhundert eine Reihe von kreativen Denkern hervor, die unter anderem utopische Gesellschaftsentwürfe konzipierten und teils auch in die Realität umzusetzen versuchten. Allerdings wurde diesem denkerischen „Wildwuchs" nach dem Fall der Ming-Dynastie (1368-1644) an die „barbarischen" Mandschuren die Schuld am Versagen staatlicher Institutionen gegeben, was erst zu einer Restauration der Zhu-Xi-Schule, dann im 17. und 18. Jahrhundert zu Versuchen der Rekonstruktion des antiken Konfuzianismus führte. Bis zum Ende des chinesischen Kaiserreiches setzte sich so philologische Gelehrsamkeit wieder als Hauptmerkmal der „konfuzianischen" Bildungselite Chinas durch.

Auch in Korea blieb die Zhu-Xi-Orthodoxie nicht unangefochten, auch wenn die Vertreter anderer Auslegungen des Konfuzianismus oft politisch den Kürzeren zogen. Vor allem innerhalb des Rahmens der Lehren des Zhu Xi kam es zu kreativen Weiterentwicklungen: Yi Hwang (1501-1570), Yi I (1536-1584) und weitere Denker loteten die Tiefen der neokonfuzianischen Metaphysik in noch nicht dagewesener Weise aus. Daneben wurde auch grundsätzliche Kritik an neokonfuzianischen Denkmustern laut, ohne sich freilich durchsetzen zu können.

In Japan wurde der Neokonfuzianismus der Zhu-Xi-Schule durch Denker wie Hayashi Razan (1582-1657) mit einheimischen (*shintō-*)Traditionen zu einem neuen Bildungssystem für Samurai und Bürokraten verbunden und zugleich als Rahmen genutzt, in dem sich Wissen über die Natur verankern und weitergeben ließ, während die Wang-Yangming-Schule – nicht weniger einflussreich – zur Basis einer Moralphilosophie der städtischen, meist Handel treibenden Bevölkerung wurde. Im 18. Jahrhundert wurden diese Trends weiterentwickelt zu einer spezifisch japanischen Form konfuzianischer Gelehrsamkeit, die konfuzianische Werte mit solchen des japanischen Kriegertums verband.

Konfuzianismus als Gelehrsamkeit, Kult, Religion? Westliche Interpretationen

Der (Neo-)Konfuzianismus mit seiner Verbindung von Gelehrsamkeit, kultischen und metaphysischen Elementen, die aber ganz ohne personalisierte Gottheit auskamen, konfrontierte seine frühen westlichen Beobachter – in erster Linie waren das die bereits erwähnten jesuitischen Missionare – mit Schwierigkeiten, ihn in den ihnen zur Verfügung stehenden Kategorien zu fassen; sie setzen sich bis heute in den Herausforderungen fort, die der Konfuzianismus für den (westlich-modernen) Religionsbegriff bereithält. Angesichts der Vorteile, die es für eine gelingende Missionierung hatte, konfuzianische Rituale als nichtreligiös zu kennzeichnen und damit auch für Christen zuzulassen, fiel die Entscheidung zunächst für eine entsprechende Darstellung des Konfuzianismus für das heimische Publikum: als rein säkulare Wissensordnung, die gleichwohl ethisches Verhalten durchsetzen und funktionierende Staatlichkeit garantieren konnte. Dies war von erheblichem Einfluss auf die Vordenker europäischer Aufklärung und Säkularisierung. Erst im 19. Jahrhundert, als die imperiale Durchdringung Chinas durch westliche Mächte zu Konflikten mit der konfuzianischen Beamtenschaft führte, entstand ein feindseligeres Bild vom Konfuzianismus als starr, rückwärtsgewandt, elitär und fortschrittsfeindlich.

Moderne ambivalente Einschätzungen des Konfuzianismus

Kritik am Konfuzianismus, wie sie in Ostasien selbst im 20. Jahrhundert geübt wurde, ist zu einem gewissen Anteil eine Rückspiegelung dieser westlichen Projektionen. Dessen ungeachtet wurde sie vor allem in China mit großer Vehemenz vorgetragen. In der ersten Hälfte des 20. Jahrhunderts galt der Konfuzianismus als Gegenspieler von „Wissenschaft" und „Demokratie", im maoistischen China als Hemmschuh einer Neuordnung der Gesellschaft. „Nieder mit Konfuzius" war daher einer der politischen Slogans der Mao-Ära. Seit Ende der 70er-Jahre, insbesondere seit den 1990ern wird der Konfuzianismus in China jedoch wieder stark aufgewertet und zur Begründung einer nationalen Identität herangezogen. Heute gründet die VR China in aller Welt „Konfuzius-Institute" als Instrument der kulturellen „soft power". Auch in westlich orientierten Ländern Ostasiens erlebt er eine wechselvolle Bewertung: Zu Zeiten des Wirtschaftswachstums werden Residuen „konfuzianischer Mentalität", beispielsweise die Akzeptanz von Hierarchien und hohe Gruppensolidarität, gern zur Erklärung des Aufstiegs herangezogen, genauso mussten die gleichen psychosozialen Faktoren aber als Sündenbock etwa der Finanzkrise von 1997 herhalten. Autoritäre Regimes wie die Militärdiktatur in Südkorea (1961-1987) oder Singapur unter Lee Kwan Yew (1959-2004) beriefen sich auf (konfuzianische) „asiatische Werte" und verschafften so der einseitigen Assoziation von Konfuzianismus und repressiven Hierarchien Aufwind. Angesichts der konfuzianischen Familienordnung und inhärenten rechtlichen Unterprivilegierung von Frauen greifen nicht zuletzt feministische Strömungen in Ostasien diese Kritik auf. Andererseits haben wissenschaftliche und außerwissenschaftliche Diskussionen der letzten Jahrzehnte aufgezeigt, dass konfuzianische Traditionen mit zeitgenössischen Vorstellungen allgemeiner Menschenrechte keineswegs unvereinbar sind, sondern frühe Vorformen davon gerade im für den Neokonfuzianismus so relevanten Denken des Menzius gefunden werden können. Auf dieser Basis entwickeln sich – nicht zuletzt in Korea – auch gesellschaftliche Strömungen, die konfuzianische Traditionen zur Heilung der durch individuelles, materielles Glücksstreben hervorgerufenen Schäden heranziehen wollen, ohne deren repressiven Potentiale aufzurufen.

Durch die obigen Ausführungen sollte aber deutlich geworden sein, dass es angesichts der Vielzahl von Spielarten und ihrer erheblichen ideologischen Unterschiede unmöglich ist, von „dem" Konfuzianismus zu sprechen, und dass der Versuch, eine „konfuzianische Mentalität" oder Ähnliches zu beschreiben oder Eigenheiten ostasiatischer Gesellschaften durch Rückgriff auf „den" Konfuzianismus zu erklären, ungeachtet ihrer allseitigen Beliebtheit ebenso zum Scheitern verurteilt sind wie eine Rückführung aller gesellschaftlichen Erscheinungen Europas auf christliche Traditionen. Die Bedeutung männlicher Nachkommen z. B. hat vielleicht weniger mit der Aufrechterhaltung von Ahnenritualen als mit gesetzlichen oder konventionellen Regelungen von Altersversorgung und Erbschaft zu tun. Ein Bauer in Westchina und ein Industrieller in Peking haben womöglich weniger an Wertvorstellungen und „Mentalität" gemeinsam als Letzterer und sein mitteleuropäischer Kollege. Etwa von europäischen Konventionen abweichende Formen der Unternehmensführung oder demokratische Defizite in Ostasien auf den Konfuzianismus zurückzuführen, hat etwa so viel Erklärungswert, wie die Naturzerstörungen industrieller Gesellschaften aufgrund des Bibelworts „machet euch die Erde untertan" als christlich zu kennzeichnen.

Inhaltliche Schwerpunkte und Problemorientierung im Unterricht

- die Lehren des Konfuzius
- Entstehung und Weiterentwicklung des Konfuzianismus in Ostasien
- kritische Betrachtung des modernen Konfuzianismus
- *Welche Werte und Mentalitäten in den heutigen Gesellschaften Ostasiens werden vom Konfuzianismus abgeleitet, mit welcher Berechtigung?*

Literaturhinweise

Roetz, Heiner: Konfuzius. 2. Auflage, München: C.H. Beck, 2006.
Van Ess, Hans: Der Konfuzianismus. 2. Auflage, München: C.H. Beck, 2009.

12. Buddhismus in Ostasien

> **Modulziele**
>
> Der Buddhismus ist bei uns in vielerlei Weise präsent. So ist der Dalai Lama den meisten Menschen in Deutschland ebenso ein Begriff wie die Shaolin-Mönche und ihre Kampfkunst. Die folgenden Ausführungen sollen dazu beitragen, die Hintergründe dieser Phänomene und das „ostasiatische Gesicht" des Buddhismus, dem wir im Alltag viel eher begegnen als dem süd- oder südostasiatischen, und das damit unser Bild vom Buddhismus generell prägt, besser verstehen und einordnen zu können.

Buddha: Leiden und Mitleiden

Der Buddhismus geht auf die Lehre des rund 450 v. Chr. im nepalesisch-indischen Grenzgebiet geborenen Siddhārta Gautama aus dem adligen Geschlecht der Shākya (Shākyamuni) zurück. Siddhārta, der später nach seiner „Erleuchtung" Buddha (wörtl.: der Erwachte) genannt wurde, erkannte die Grundwahrheit des Lebens, dass im Letzten alles Leiden ist, da vergänglich. Nach jahrelanger religiöser Suche, geistigen Übungen und Meditation „erwachte" er aus der „Verblendung", erkannte, dass und wie Leiden entsteht, dass somit die Fesseln des Leidens aber auch lösbar sind, und lehrte seine Jünger den Weg, wie man sich aus dem Leiden befreien könne. Dass er nicht umgehend selbst in den leidenslosen Zustand (*Nirvāna*) eintrat, sondern seine Erkenntnis weitergab, war das Vorbild des buddhistischen Mitleids: anderen zum „Erwachen" zu verhelfen. Solche Menschen, die selbst die „Erleuchtung" erfahren haben, aber um der anderen willen weiter in der Welt verbleiben, um ihnen zu helfen, bezeichnet man als *Bodhisattvas* (wörtl.: Erleuchtungswesen). Sie spielen vor allem im ostasiatischen Buddhismus eine große Rolle und werden häufig in der Kunst dargestellt. Der Dalai Lama etwa gilt als Inkarnation eines solchen *Bodhisattvas*.

Fixierung der Lehre: Ordensgemeinschaft und Kanonbildung

Buddha lehrte seine Jünger mündlich, und nach seinem Eingang ins Nirvāna wurde die Lehre zunächst auch weiter mündlich tradiert. Da sich jedoch – ähnlich wie im Christentum – bald das Problem ergab, dass die Überlieferung an Homogenität zu verlieren drohte, wurden mehrere Konzile einberufen und die Lehren erstmals einheitlich fixiert. Neben dem „Buddhawort", das in den *Sūtras* festgehalten wurde, entwickelte sich eine eigene Kommentartradition, die die Lehre auslegte und konkretisierte. Ferner wurden die Ordensregeln für Mönche (und Nonnen), die die unmittelbare Gefolgschaft Buddhas bildeten, während die Laien ursprünglich nur als bedingt zugehörig betrachtet wurden, schriftlich niedergelegt. Man vermutet, dass das mönchische Ideal, welches im Zuge der Ausbreitung der neuen „Weltreligion" auch in Westasien bekannt wurde, einen Einfluss auf die Entwicklung des späteren christlichen Mönchstums gehabt hat.

Wege der Ausbreitung nach Ostasien

Der Buddhismus breitete sich ab dem 1. Jahrhundert n. Chr. nach Ostasien aus, zunächst über Zentralasien, das heißt vor allem über die Seidenstraße, nach China, dann auch über den Seeweg („maritime Seidenstraße") und erreicht bald Korea (4. Jahrhundert) und Japan (6. Jahrhundert) im Kontext diplomatischer Missionen. Die auf lange Sicht dominierende Form in Ostasien wurde die buddhistische Strömung des *Mahāyāna* („Großes Fahrzeug"), welche die Erlösungsmöglichkeit für jedermann, gleich ob Mönch/Nonne oder Laie, betonte, während sich in Südasien längerfristig die Richtung des am Mönchsideal ausgerichteten *Theravāda* („Lehre der Älteren") durchsetzen sollte. Die Strömung des *Mahāyāna* fächerte sich im Laufe der Zeit in zahlreiche Schulen auf, von denen nur einige sich direkt auf indische Wurzeln berufen konnten, andere hingegen sich erst im ostasiatischen Kontext entwickelt hatten, z. B. die auf die Praxis der Meditation fokussierte Zen-Schule, welche Elemente aus der chinesischen Naturanschauung in sich aufnahm und bald auch in Korea und Japan einflussreich wurde. In Tibet, wo die chinesische und die indische Vermittlung aufeinandertrafen, bildete sich in der Folge eine spezifische Form des Buddhismus heraus, die auch für die Mongolei prägend wurde („Lamaismus"), da die Mongolen zur Zeit ihres Weltreiches diese Richtung innerhalb des buddhistischen Spektrums favorisierten. Ähnlich hielten es später die Mandschuren, die damit ebenfalls einen Gegenpol zum chinesischen Buddhismus setzen wollten und damit auch ihren über das eigentliche chinesische Territorium hinausreichenden Herrschaftsanspruch eines multikulturellen Imperiums dokumentierten. Da in Indien der Buddhismus im Zuge der „hinduistischen Renaissance" und des Vordringens des Islam seit dem 7. Jahrhundert zunehmend zurückgedrängt wurde und um 1200 praktisch verschwunden war, hatte sich somit das „Zentrum" an die einstige Peripherie verlagert, was naturgemäß eigenständige Entwicklungen in Ostasien begünstigte.

Buddhismus und die Kulturen Ostasiens

Während einerseits der Buddhismus enge Verbindungen innerhalb Ostasiens schuf durch die Verbreitung von Schriften sowie Pilgerreisen und Studienaufenthalte von Mönchen, sorgte er andererseits auch für einen intensiven Austausch mit Zentral-, Südost- und Südasien, zumindest bis ins 8. Jahrhundert. Dies brachte die beiden großen Kulturkreise, den indischen

Subkontinent und Ostasien, in engen Kontakt. Indisches Denken, neue Vorstellungen von Zeit und Raum, der Gedanke von Wiedergeburt und Vergeltung der Taten (*Karman*), aber auch Sprachanalyse, Logik und medizinische Kenntnisse übten einen tiefgreifenden Einfluss auf Ostasien aus. Durch die großangelegte Übersetzertätigkeit buddhistischer Schriften aus dem Sanskrit (einer indoeuropäischen Sprache) und verwandter Sprachen ins Chinesische, welche dann wiederum in den anderen ostasiatischen Kulturen übernommen und nur in der Lesung angepasst und schließlich in großen Kanones zusammengefasst wurden, wurde sowohl das religiöse Denken in Ostasien nachhaltig geprägt als auch Disziplinen wie die Sprachwissenschaft beflügelt. Auch die Literatur und die Künste erfuhren durch den Buddhismus eine tiefgreifende Prägung. So entstanden zur Unterweisung des Volkes neue Genres an moralischer Erbauungsliteratur, neue Theaterformen, religiöse Skulpturen, Bauten, öffentliche Inschriften und durch Klöster, Monumentalskulpturen und Kultstätten geprägte Landschaften sowie nur in Ostasien vorzufindende Künste im ästhetischen (Ikebana, Teezeremonie) oder martialischen Bereich (Kampfkünste). Nicht zuletzt die Kunst des Buchdrucks ist im Kontext der buddhistischen Bemühungen um Verbreitung seiner Lehre entstanden.

Die Hochphasen buddhistischen Einflusses in Ostasien variierten in den einzelnen Ländern: In China erlebte er – ungeachtet temporärer Einbrüche – seine Blütezeit im 4. bis 8. Jahrhundert, blieb aber weiterhin bis inklusive der Zeit des Mongolenreiches einflussreich, auch wenn er sich zunehmend mit der erstarkten Konkurrenz vor allem des (Neo-)Konfuzianismus auseinandersetzen musste, was z. T. zu synkretistischen Entwicklungen beitrug, die sich vor allem nach der Mongolenzeit ausprägten; in Korea wurde er nach einer langen Phase intensiven Einflusses ab rund 1400 vom Neokonfuzianismus massiv zurückgedrängt, wenig später ebenso in Vietnam, während in Japan Ähnliches, wenn auch nicht so rigoros, ab dem 17. Jahrhundert geschah. Hier war der eigentliche Einschnitt erst in der zweiten Hälfte des 19. Jahrhunderts, als der Staat den Buddhismus zeitweilig regelrecht verfolgte. In Tibet und der Mongolei hingegen konnte sich der Buddhismus weiterhin behaupten, da hier der Konfuzianismus keine vergleichbare staatstragende Rolle wie in den zuvor genannten Ländern spielte, sondern vielmehr der Buddhismus auch diese Funktionen ausfüllte.

Besonderheiten des ostasiatischen Buddhismus

Da sich der Buddhismus in Ostasien mit bestehenden religiösen und staatlichen Vorstellungen konfrontiert sah, entwickelte er sich in vielerlei Hinsicht anders als auf dem indischen Subkontinent. Bereits in China wurde die im indischen Kontext selbstverständliche Vorrangigkeit der Religion vor der politischen Herrschaft in Frage gestellt (was sich an der Frage, ob sich der Herrscher vor dem Mönch oder umgekehrt zu verbeugen habe, entzündete). Vielmehr wurde der Buddhismus als dem Staat in weltlichen Dingen untergeordnet eingestuft (bis hin zur Ausgabe staatlicher Mönchszertifikate) und der Klerus in den Dienst des Staates gestellt, was die Aufgabe einschloss, für den übernatürlichen „Schutz" desselben zu sorgen. Die enge, wenn auch von beiden Seiten unterschiedlich interpretierte und oft konfliktträchtige Verzahnung von Buddhismus und Staat ist ein Kennzeichen des ostasiatischen Buddhismus geblieben. Parallel dazu erfuhr die Rolle des Laien in Ostasien eine im indischen Kontext kaum denkbare Aufwertung, die dogmatisch mit der Verbreitung entsprechender, zum Teil wohl erst in Ostasien entstandener Schriften gestützt wurde und sich in häufig weitgehend autonom agierenden Laienvereinigungen auch organisatorisch niederschlug. In den ostasiatischen Ländern war der Buddhismus nur eine unter anderen Herrschaftslegitimationsmöglichkeiten, die den Herrscher als Beschützer der Lehre, wenn nicht gar als Erleuchteten auf dem Thron ansah. Während am einen Ende des Spektrums des Beziehungsgeflechts „Buddhismus-Staat" im tibetischen Dalai Lama weltliche mit religiöser Macht in der Hand eines Mönches verschmolz, bot am anderen Ende des Spektrums der Buddhismus in volkstümlichen Traditionen auch oppositionelles Potential, das sich z. B. in millenaristischen Volksaufständen gegen weltliche Herrscher entladen konnte. Indem der Buddhismus in Ostasien unter staatliche Kontrolle gestellt wurde, verrichte er auch profane Aufgaben für den Staat wie die Versorgung der Bevölkerung mit Bildung (Tempelschulen) oder wohltätigen Diensten, die ihrerseits gesellschaftliche Bedürftigkeit auszugleichen suchten, vergleichbar den christlichen karitativen Werken.

Buddhismus und indigene Traditionen in Ostasien

Da der Buddhismus, wie erwähnt, bei seinem Vordringen in Ostasien auf bereits bestehende oder im Aufbau befindliche staatliche Strukturen traf, die großenteils konfuzianisch geprägt waren, kam es zu entsprechenden Wechselwirkungen. In der Tat wurde er in Korea, Japan und Vietnam sogar im Verein mit diesen übernommen, wobei die Übernahme in Japan nicht direkt aus China sondern über Korea verlief. Ferner führte auch das Aufeinandertreffen mit den indigenen religiösen Traditionen zu spezifischen Neuentwicklungen des Buddhismus in Ostasien. So war etwa die Entwicklung der Zen-Schule stark von daoistischen Naturvorstellungen durchdrungen, die das „Dao" als in Allem präsenten „Stoff" des Daseins annahmen. Die eher auf ein langfristiges Erlösungsziel ausgerichtete Praxis des indischen Buddhismus, welcher von der Wiedergeburt in zahllosen Existenzen ausging, wurde somit in Ostasien zunehmend von einer Suche nach Erlösung im Hier und Jetzt (gewissermaßen die Entdeckung des allgegenwärtigen „Dao" bzw. der allem Seienden inhärenten „Buddhanatur") abgelöst. Der konfuzianischen sozioökonomischen Kritik an „parasitären" Bettelmönchen wurde mit Diensten für den Staat versucht entgegenzuwirken. Im Extremfall wurden Mönche sogar militant und schalteten sich aktiv in die Politik ein. Den Sorgen wegen der aus dem Zölibat resultierenden Nachwuchslosigkeit und der damit verbundenen Gefährdung des Ahnenkults kam man mit speziellen Riten für die Ahnenseelen entgegen. So betonte man buddhistische Verdienstübertragungslehren, die den Ahnen nachträglich eigenes religiöses Verdienst zugutekommen lassen, um ihnen noch post mortem zur Erlösung zu verhelfen. Damit wurden die (konfuzianische) ethische Norm der Kindespflicht und buddhistische religiöse Praxis verknüpft.

Die Laisierungstendenz im ostasiatischen Buddhismus prägte sich am stärksten in Japan aus, wo einige Schulen schon früh die strikten Ordensregeln in Frage stellten. Indem der Staat in der zweiten Hälfte des 19. Jahrhunderts den Buddhismus dort zwangsweise aus seiner symbiotischen Beziehung mit der einheimischen Religion des *shintō* im Zuge des Aufbaus des *Staatsshintō* löste, intervenierte er schließlich nach Aufhebung der zeitweiligen Buddhistenverfolgung sogar per Gesetz und erlaubte z. B. den zuvor nur in einigen Schulen praktizierten Genuss von Fleisch oder Alkohol sowie die Ehe für den buddhistischen Klerus allgemein. Diese Entwicklungen wurden jedoch von den Buddhisten benachbarter Länder meist sehr kritisch als „säkularisiert" und „unorthodox" angesehen.

Innerbuddhistische Differenzierung und ihre Probleme

Solche Auseinanderentwicklungen innerhalb des Buddhismus führten insbesondere Ende des 19. und dann im 20. Jahrhundert zu einigen Problemen, als sich im Zuge der Auseinandersetzung mit dem Vordringen der westlichen Mächte und der christlichen Mission sowie der Wahrnehmung westlicher religions- und kulturgeschichtlicher Forschung ein stärkeres „gemeinbuddhistisches" Verständnis herauszubilden begann. Ähnlich der als sehr effizient wahrgenommenen Kirchenstruktur im Christentum versuchte man, nun auch im Buddhismus länderübergreifende Verbindungen aufzubauen, wurde sich dabei aber auch der historischen Auseinanderentwicklung umso bewusster. Diese betrafen zum einen im Großen die damit einhergehend neu gestellte Frage der „Authentizität" des in Ostasien dominanten „Großen Fahrzeugs" (*Mahāyāna*, s. o.), welche von süd- und südostasiatischen Buddhisten im Verein mit westlicher Buddhologie nun angezweifelt wurde; zum anderen im Kleinen die Auseinanderentwicklungen innerhalb des ostasiatischen Buddhismus selbst. Nicht zuletzt die japanische Expansion in Ostasien und Südostasien verschärfte auch innerhalb des Buddhismus die Spannungen, zumal einige spezifisch japanische buddhistische Schulen sowohl zum Teil Missionsversuche unternahmen als auch vom japanischen Staat (ebenso wie im Falle des *Staatsshintō*) für dessen Expansionsbestrebungen instrumentalisiert wurden. Für die damit verbundene Problematik aus Sicht eines japanisch okkupierten Landes ist Korea ein gutes Beispiel, welches bis heute eine Spaltung des Buddhismus in eine vom japanischen Buddhismus der japanischen Kolonialzeit angestoßene „säkularisiertere" (im Sinne der oben skizzierten „liberalen" Auslegung der Ordensregeln) Strömung und die zahlenmäßig deutlich größere traditioneller ausgerichtete Schulrichtung zu verzeichnen hat, auch wenn auf der anderen Seite der japanische Buddhismus maßgeblich dafür verantwortlich war, den koreanischen Buddhismus Ende des 19. Jahrhunderts aus relativer Bedeutungslosigkeit wieder aufleben zu lassen.

Heutige Situation

Heute bildet der Buddhismus in Ostasien ein vielfältiges Bild: Neben dem an der Schnittstelle zum indischen Kulturkreis stehenden stark klosterorientierten Buddhismus tibetisch-mongolischer Prägung („Lamaismus") herrschen in China, Korea, Japan und Vietnam Schulen des meditativen Buddhismus (Zen) und des „glaubens"orientierten Buddhismus (Reine-Land-Schule), welcher auf die Hilfe des Buddha für die Erlösung und die

Praxis der Buddha-Anrufung vertraut, vor. Daneben spielen mehr auf Dogmatik oder Ritual (vor allem esoterischer Art) ausgerichtete Schulen aber ebenso eine Rolle, und der Buddhismus hat Anstoß gegeben zu zahlreichen Neugründungen am Rande des buddhistischen Spektrums, die man gewöhnlich den „Neuen Religionen" zurechnet, da sie eine neue, meist synkretistisch fundierte Identität ausgebildet haben. In Japan findet sich sogar eine aus einer buddhistisch-neureligiös orientierten Laienvereinigung erwachsene Partei (Kōmeitō) seit Jahrzehnten im Parlament. Während der Buddhismus in einigen Regionen Ostasiens heute nur noch in geringem Maße Zulauf findet und sich in Konkurrenz mit alternativen Sinnangeboten durchsetzen muss, ist der Buddhismus in anderen, z. B. Tibet, zum Identitätsmarker geworden. Seit der vorsichtigen Lockerung der Religionspolitik in kommunistisch regierten Ländern ist dort mancherorts ein Wiederaufleben des Buddhismus zu beobachten.

Im Gegensatz zu Süd- und Südostasien hat der ostasiatische Buddhismus eine lebendige Tradition weiblicher Vollordination bewahrt, so dass heute vor allem Taiwan ein beliebtes Ziel ordinationswilliger Nonnenanwärterinnen aus der ganzen Welt darstellt. Ferner ist der ostasiatische Buddhismus inzwischen im Westen sowohl in Europa als auch in Nordamerika missionarisch aktiv. Über seine kulturelle Einbindung wie im Falle der Kampfkünste, der Teezeremonie, des Ikebana (Blumensteckens), der Gartenkunst und Ähnliches gelangte er auch über den engeren religiösen Bereich hinaus bei uns in Deutschland ins öffentliche Bewusstsein.

Inhaltliche Schwerpunkte und Problemorientierung im Unterricht
- Entstehung, Verbreitung und Weiterentwicklung des Buddhismus
- die besondere Ausprägung des Buddhismus in Ostasien
- Vielfalt der Erscheinungsformen des Buddhismus in Ostasien heute
- *Welchen Einfluss hat der Buddhismus heute in den Gesellschaften Ostasiens?*

Literaturhinweise

Bechert, Heinz/Gombrich, Richard (Hrsg.): Der Buddhismus: Geschichte und Gegenwart. München: Beck, 2002.
Michaels, Axel: Buddha: Leben, Lehre, Legende. München: Beck, 2011.

13. Schrift und Sprache

> **Modulziele**
>
> Ostasiatische Schriftzeichen begegnen uns im Alltag immer wieder, ob als T-Shirt-Aufdruck oder als Hingucker in effektheischender Werbung, wobei weder der Sinngehalt erfasst noch die unterschiedlichen Verschriftungssysteme auseinandergehalten werden. Vielmehr beschränkt sich diese Rezeption in der Regel auf den ästhetischen oder verfremdenden Effekt der nicht alphabetischen und somit „nicht lesbaren" Verschriftung. Ziel des Moduls ist, weit verbreitete Missverständnisse über die Natur der Schriftzeichen auszuräumen, die faktische Vielfalt der Schriftsysteme Ostasiens und die Komplexität des Zusammenhangs von Schrift und Sprache aufzuzeigen sowie die durch den Schriftgebrauch tendenziell verdeckte Tatsache, dass die Sprachen in Ostasien mannigfaltig und großenteils nicht genetisch miteinander verwandt sind, zu klären. Entsprechend wird von der bei uns häufig als „Einheitlichkeit Ostasiens" wahrgenommenen Schrift ausgegangen, erst dann auf die Sprachen, die damit verschriftet werden, eingegangen und schließlich zur auch in Ostasien immer wieder vertretenen Annahme der „Einheitlichkeit" zurückgekehrt.

Die chinesischen Schriftzeichen: zwischen Mythos und Realität

Nach heutigem Kenntnisstand lassen sich die ältesten chinesischen Schriftzeichen zurückverfolgen bis ins 2. Jahrtausend v. Chr., wo sie zuerst auf zu Orakelzwecken beschriebenen Tierknochen und Schildkrötenpanzern erscheinen. Im Laufe der Zeit erweiterte sich der Zeichenbestand erheblich. Die umfangreichsten Lexika verzeichnen über 60 000 Einträge. Allerdings wurden diese nie alle von einer Person beherrscht, sondern der funktionale Zeichenschatz, den man sich in einer klassischen gehobenen Ausbildung aneignete, dürfte in der Größenordnung von etwa 4000 bis 6000 Zeichen liegen. Heute beläuft sich der funktionale Zeichenschatz bei durchschnittlicher bis gehobener

Bildung auf rund die Hälfte. Die Schriftzeichen unterliegen unterschiedlichen Konstruktionsprinzipien, die gewöhnlicherweise in sechs Typen unterschieden werden:
1. Piktogramme, also aus Abbildungen entstandene Zeichen, die unter den ältesten Zeichen proportional höher vertreten sind als in späteren Zeiten. Heute machen sie nur einen sehr geringen Teil des Zeichenbestandes aus – entgegen der landläufigen Meinung, die chinesische Schrift sei eine „Bilder-Schrift". Beispiel: Baum 木.
2. Symbole. Beispiele: über 上 unter 下.
3. Bedeutungskombinationen (z. B. Sonne 日 + Mond 月 = hell 明). Auch diese beiden Typen sind zahlenmäßig sehr überschaubar.
4. Phonetische Entlehnungen sind eine weitere Gruppe, da viele Wörter sich ohnehin nicht bildlich darstellen lassen, für die gleichlautende Zeichen per se anderen Sinngehalts einfach übernommen werden (Rebusprinzip wie englisch „U" für „you"), bergen aber damit auch das Problem von Missverständnissen. Entsprechend ist auch ihre Zahl sehr begrenzt.
5. Kombinationen aus semantischem und phonetischem Teil bilden die mit weitem Abstand größte Gruppe (heute über 90 %), da auf diese Weise neues Vokabular einfach integrierbar war, indem der semantische Teil den Begriff grob inhaltlich zuordnete, während der phonetische die (damalige) Lautung des gesprochenen Wortes, für das das Schriftzeichen stand, reflektierte. Beispiele mit semantischem Teil Baum/Holz und unterschiedlicher Lautung (heutige Lautung): Zypresse bó 柏, Pfeiler zhù 柱, Brücke qiáo 橋. Beispiele mit gleicher/ähnlicher Lautung und unterschiedlichem semantischem Feld: bó Zypresse 柏 (semantisches Feld: Holz), bó Überseeschiff 舶 (semantisches Feld: Schiff), bó älterer Bruder 伯 (semantisches Feld: Mensch), pò sich nähern/zwingen 迫 (semantisches Feld: gehen). Dennoch enthebt auch diese Gruppe den Lernenden nicht der Aufgabe, die genaue Bedeutung des Zeichens und seine Lautung zu erlernen.

6. Abgeleitete Zeichen, das heißt aus anderen Zeichen abgeleitete neue Zeichen, ebenfalls eine sehr kleine Gruppe.

Dies zeigt bereits, dass die Schriftzeichen in ihrer Genese weder einheitlich sind, noch, dass – wiederum entgegen landläufiger Meinung – die chinesische Schrift keine phonetischen Komponenten abbildete. Insofern ist die auch in Ostasien selbst gern praktizierte rein semantische Ausdeutung von Schriftzeichen sprachhistorisch irreführend, wenn auch als Eselsbrücke im Lernprozess zuweilen hilfreich oder als Volkssport unterhaltsam. Die Schriftzeichen haben eine von jedem Schüler zu erlernende feste Strich-Schreibfolge und füllen, gleich wie viele Striche sie beinhalten, gleichgroße imaginäre Quadrate aus. Die Schreibweise musste, um Verständlichkeit zu garantieren, standardisiert werden, hat sich aber seit der Qin- und Han-Zeit (221 v. Chr.-220 n. Chr.) stabil erhalten. Die ästhetische Seite der Schriftzeichen wiederum hat zu einer beispiellosen Rolle der Kalligraphie in Ostasien geführt und Schrift, Kunst und Literatur eng miteinander verknüpft. Während die Standardschrift die Schriftzeichen klar voneinander trennt, ist in der Vollkursiven (oft irrtümlich mit „Grasschrift" übersetzt), die in der Kalligraphie eine wichtige Rolle spielt, eine Verbindung und Verschleifung mehrerer Zeichen möglich. Die Lesbarkeit ist hier jedoch deutlich erschwert.

Übernahme der chinesischen Schrift in andere Sprachen: Anpassung und Innovationen

Bei der Übernahme der chinesischen Schrift für die Verschriftung gänzlich anderer Sprachen verschärfte sich das bereits in der Verschriftung des Chinesischen angelegte Problem von Semantik und Phonetik. Da die Schriftzeichen zunächst insgesamt übernommen wurden als Einheit von Zeichengestalt, Lautung und Bedeutung, wurde das klassische Chinesisch eine zu erlernende geschriebene Bildungsfremdsprache. Wollte man jedoch die jeweils einheimische Sprache verschriften, konnte man entweder die Zeichen semantisch einsetzen und mit dem jeweiligen einheimischen Wort gleicher Bedeutung – das im Gegensatz zum Chinesischen vielsilbig sein konnte – identifizieren: Beispiel: Fisch 魚 (chin.: yú, jap.: sakana); oder man benutzte die Schriftzeichen phonetisch, um in etwa die einheimische Lautung (silbenweise) abzubilden. Letzteres war insbesondere deshalb vonnöten, weil etliche der Nehmersprachen, etwa das Koreanische oder Japanische, nicht der sino-tibetischen Sprachfamilie angehörten und grammatikalische Funktionen abbilden mussten, für die es kein chinesisches Pendant gab. Entsprechend wurden die Schriftzeichen meist mit mehreren Lesungsoptionen versehen, je nach semantischem oder phonetischem Gebrauch, und der phonetische variierte zum Teil auch nach regionalen oder temporären Übernahmebedingungen. Dies zeigt die große Komplexität, die mit der Übernahme der chinesischen Schrift in ganz anders strukturierte Sprachen verbunden war. Um die Lesbarkeit zu vereinfachen und Missverständnissen vorzubeugen, entwickelten speziell das Koreanische und das Japanische Mischschriften, die die bedeutungstragenden Schriftzeichen mit selbst entwickelten Zeichen (z. T. aus den Schriftzeichen abgeleitet wie im Falle der Kana-Silbenalphabete des Japanischen, z. T. gänzlich eigenständig entwickelt wie im Falle des Han'gŭl im Koreanischen) vor allem zur Wiedergabe grammatikalischer Funktionen ergänzten. In einigen Fällen erfanden die Nehmersprachen auch eigene Schriftzeichen nach den Bauprinzipien chinesischer Schriftzeichen und erweiterten damit den Zeichenbestand ihrerseits. In ganz seltenen Fällen wurden solche außerhalb Chinas erfundene Schriftzeichen im Rahmen von neuzeitlichen Übersetzungsprozessen sogar ins Chinesische zurückübernommen.

Alternative Verschriftungen:
Ethnizität und Alphabetisierung

Auch wenn die chinesischen Schriftzeichen in Ostasien die Verschriftungen dominiert haben, sind sie nicht ohne Alternativen geblieben. Bereits innerhalb des chinesischen Sprachraums haben die „Dialekte" (linguistisch eigentlich: Sprachen) und deren Verschriftung die Frage der Anpassung der Schriftzeichen aufgeworfen. Für die Verschriftung mehrerer Sprachen in Ostasien wirkte die chinesische Schrift stilbildend, etwa historisch für die der Xixia oder für das Vietnamesische, wobei aber der gänzlich eigene Zeichensatz keine Verständigung über die Sprachgrenze hinweg ermöglichte und zum ethnischen bzw. nationalen Marker wurde. (Bemerkenswert, wenn auch regional und zeitlich eng begrenzt, war die sog. Frauenschrift in der chinesischen Provinz Hunan, die eher einer Geheimschrift ähnelte.) Daneben existierten aber auch zahlreiche Verschriftungssysteme ganz anderer Art, z. T. nach aramäischen Vorbildern gebildet wie für das Mongolische, oder nach indischen wie für das Tibetische, oder ganz eigenständig wie im Falle des bereits erwähnten koreanischen Han'gŭl, welches eine bedeutende Innovation darstellte und nur durch phonetische Analyse der eigenen Sprache möglich war. Vor allem durch die christlichen Missionare wurde ferner eine Romanisierung zahlreicher Sprachen und Dialekte vorgenommen, die auch indigene Schriftreformansätze beflügelte. Während die Zeichenschrift Einheitlichkeit und Uniformierung voraussetzte, um ihre Verständigungsfunktion zu erfüllen, rückte die Romanisierung die faktische regionale Unterschiedlichkeit des Gesprochenen in den Vordergrund. Unter dem Aspekt der „Alphabetisierung", das heißt Schriftbeherrschung, die bei dem Gebrauch von Schriftzeichen per se relativ ist, da jedes Schriftzeichen (im Gegensatz zum lateinischen Alphabet, aber auch zu den erwähnten japanischen Silbenalphabeten oder dem koreanischen Han'gŭl etwa) individuell erlernt werden muss, kamen die Schriftzeichen in der Moderne in allen

Ländern Ostasiens erheblich in die Kritik. Sie seien eine elitäre Art der Verschriftung, setzten ein hohes Maß an Investitionen in Bildung voraus und wirkten somit sozial ausgrenzend, seien ineffizient, technisch aufwendig, und – im Falle nichtchinesischer Sprachen – ohnehin ein Fremdkörper. Da sie schuld an hohen „Analphabetenraten" seien, wirkten sie ferner modernisierungshemmend. Entsprechend wurden in etlichen Ländern Schriftreformen durchgeführt: Vietnam und Nordkorea schafften schließlich die chinesischen Schriftzeichen ab und ersetzten sie durch das lateinische Alphabet bzw. Han'gŭl, Südkorea schraubte den Zeichengebrauch zunehmend herunter und verlegte sich prinzipiell auf Han'gŭl, Japan begrenzte die Zahl der zu erlernenden Schriftzeichen, die hier durch die Silbenalphabets-Alternative ersetzt werden konnten, und vereinfachte die Schriftzeichen auf eigene Weise, während China selbst schließlich – trotz Einführung einer verbindlichen Romanisierung (*hanyu pinyin*) – die Schriftzeichen beibehielt, aber eigene Schriftzeichenvereinfachungen („Kurzzeichen") vornahm. Taiwan wie Hongkong dagegen blieben bei den herkömmlichen Schriftzeichen („Langzeichen"), so dass sich die derzeitige Schriftsituation in Ostasien durchaus vielgestaltig zeigt. Obwohl das Computerzeitalter als Ende der Schriftzeichen prognostiziert worden ist, sind die Probleme der technischen Verarbeitung von Schriftzeichen allerdings inzwischen gelöst.

Sprachliche Vielfalt in Ostasien

Weit heterogener als im Falle der Schrift präsentiert sich Ostasien noch im Hinblick auf die sprachliche Situation. Anders als in Europa, wo der Großteil der Sprachen zumindest der gleichen Sprachfamilie angehört, finden sich in Ostasien Vertreter einer Vielzahl von Sprachfamilien. Nicht in allen Fällen sind die genetischen Verwandtschaften zweifelsfrei geklärt. Obwohl im Zuge des Kulturkontakts und der Dominanz der chinesischen Schrift in vielen Regionen chinesische Elemente, v. a. Lehnwörter, in die einheimischen Sprachen übernommen wurden, sind, wie erwähnt, z. B. weder das Koreanische noch das Japanische mit dem Chinesischen sprachlich verwandt. Auch sind manche Eigenheiten, die oft als bemerkenswert gelten, wie die Töne im Chinesischen, eine historische Erscheinung, die höchstwahrscheinlich nicht von Anfang an mit der Sprache verbunden war, sondern sich zur Differenzierung ansonsten gleichlautender Wörter in Folge eines Lautwandels herausgebildet hat. Wie in anderen Regionen der Welt kennen auch ostasiatische Sprachen eine Vielzahl von Dialekten, Soziolekten und Fachsprachen. Eine gewisse Besonderheit ist die Ausbildung geschlechtsspezifischer Ausdrucksweisen, die vor allem im Japanischen als „Frauensprache" bzw. „Männersprache" benannt werden und auf historische hierarchische Sozialstrukturen und geschlechtsspezifische Rollenverteilungen zurückführbar sind. Aufgrund des jahrhundertelangen Einflusses des klassischen Chinesisch als Bildungsschriftsprache wurde ein Hauptanliegen der Sprachreformer vieler ostasiatischer Länder in der Moderne, die jeweilige eigene Umgangssprache aufzuwerten und auch als schriftliches Sprachmedium einzusetzen.

Schrift, Sprache und Herrschaft

Sowohl in der Genese als auch in der weiteren historischen Entwicklung in Ostasien war Schrift – wie in anderen alten Schriftkulturen – an Herrschaft gebunden. Bereits die frühesten Zeugnisse der chinesischen Schrift sind dem Herrscherhof zuzurechnen, von amtlichen Schreibern verfasst und inhaltlich befasst mit Orakeln über das Ergehen der Herrscherfamilie, ihrer geplanten Kriegszüge und Ähnliches. Aus den Schreibern, die die Orakel auch archivierten, gingen die späteren chinesischen Beamten und Geschichtsschreiber hervor, welche sich gegen Ende des 1. Jahrtausends vor Christus mit dem zeitgenössischen Konfuzianismus ideologisch identifizierten. Da wiederum im Laufe der Zeit die konfuzianischen Klassiker als Bildungsinhalte der chinesischen Elite festgeschrieben wurden, ergab es sich fast zwangsläufig, dass mit dem Export der Schrift in benachbarte Länder auch das Bildungsgut mitwanderte. Die Ausbildung in konfuzianischen Klassikern wiederum bewirkte, dass sich das klassische Chinesisch, wie erwähnt, als Bildungssprache auch dort etablierte. Neben den konfuzianischen Klassikern war der zweite große Textkorpus, der auf diese Weise „wanderte", der buddhistische Kanon in chinesischer Übersetzung bzw. Fassung. Ferner ermöglichten die Schriftzeichen als ursprüngliche Einheit von Gestalt, Laut und Bedeutung, wobei die Lautung angepasst werden konnte, eine Einheitlichkeit der Überlieferung über die Zeiten hinweg, die eine reine Lautschrift aufgrund des Sprachwandels nicht hätte bereitstellen können. Hier liegt, bei sonstigen Parallelen, der grundsätzliche Unterschied zur Rolle des Lateins in Europa. Bei Erlernung der Schriftzeichen war somit prinzipiell über Jahrhunderte hinweg ein Zugang zu altem Schrifttum möglich, und die durch die Schrift geprägte Einheitlichkeit verdeckte umgekehrt den „darunter"-liegenden natürlichen historischen Wandel der Sprachen. Da das Beherrschen des überlieferten Schrifttums Bildung voraussetzte und diese wiederum adäquate Ressourcen, blieben Schrift und Schriftsprache ein Phänomen, das weltliche wie religiöse Eliten auszeichnete, auch wenn theoretisch der Zugang zum Erwerb jedem offenstand und sich im Laufe der Zeit auch regional unterschiedlich stark ausweitete. Aufgrund der zum Teil staatlich gelenkten Überlieferung von Schrifttum förderte die Schrifttradition auch ideologische Kontinuitäten über lange Zeiträume. Die ästhetische Komponente der Schriftzeichen wurde ebenfalls von herrschaftlicher Seite genutzt und schlägt sich bis heute z. B. in der „Adelung" von Personen, Örtlichkeiten usw. durch die „gestiftete" Kalligraphie einer hochgestellten Persönlichkeit nieder.

Ostasien: ein „Schriftzeichen-Kulturkreis"?

Sowohl als Fremdzuschreibung wie als Selbstzuschreibung finden sich zu und in Ostasien Stimmen, die als Gemeinsamkeit Ostasiens die (ursprünglich chinesischen) Schriftzeichen postulieren, die zusammen mit den mit ihnen geschriebenen konfuzianischen und buddhistischen Schriften die drei kulturellen Pfeiler dieser Einheit bildeten als Gegenmodell zur in westlichen Wirtschaftskreisen leicht abschätzig angeführten, auf die Esskultur abhebenden „chopstick-union". Im makroperspektivischen Vergleich ist die Verbindung über diese drei kulturellen Elemente, Schriftzeichen, Konfuzianismus und Buddhismus, für Ostasien im engeren Sinne (China, Japan, Korea, Vietnam) durchaus so zutreffend und unzutreffend wie die kulturelle Einheit „Europas". Wie erwähnt, haben die Schriftzeichen ihre historisch dominante Rolle heute nicht mehr umfassend halten können und wurden in einigen Ländern sogar gänzlich abgeschafft und ersetzt. Selbst bei den Ländern, die heute noch Schriftzeichen benutzen, sieht man diese nicht mehr als „Monopol" Chinas an, das ohnehin selbst durch die Einführung der „Kurzzeichen" die traditionell verbindenden „Langzeichen" in Frage gestellt hat. So wird etwa bei der Auseinandersetzung um die „Standardform" der Schriftzeichen im Unicode, welcher neben der „Standardform" andere Zeichenformen als „Varianten" einstuft, deutlich, dass einzelne Länder oder Sprachgemeinschaften diese Frage durchaus auch mit politischen Konnotationen verbinden. Insofern ist der postulierte „Schriftzeichen-Kulturkreis" aus heutiger Sicht eher ein historisches Phänomen.

Inhaltliche Schwerpunkte und Problemorientierung im Unterricht

- Konstruktionsprinzipien der chinesischen Schrift
- Übernahme und Weiterentwicklung der chinesischen Schrift in anderen ostasiatischen Ländern
- Herrschaft und Schrift: Schrift als Ausdruck elitärer Beziehungen
- *Ist die Bezeichnung „Schriftzeichen-Kulturkreis" für Ostasien heute noch gerechtfertigt?*

Literaturhinweise

De Francis, John: Die chinesische Sprache: Fakten und Mythen. Nettetal: Steyler, 2011.

Lee, Ik-sop/Lee, Sang-oak/Chae, Wan: Die koreanische Sprache. Regensburg/Seoul: Hetzer Verlag/Hollym Publishers, 2006.

Mehl, Margaret: Japanisch – Sprache des Teufels? München: Iudicium, 2008.

14. Ostasiatische Kultur

> **Modulziele**
> Die Schüler sollen anhand von drei Fallbeispielen – Esskultur, Film und Geschichtsschreibung – lernen, welche Rolle regionale kulturgeschichtliche Zusammenhänge für Identitätsbildung im Zeitalter der Globalisierung spielen und ob das Konstrukt einer ostasiatischen Kultur als Alternative zur westlichen Kultur oder zu den nationalen Kulturen der einzelnen ostasiatischen Länder dienen kann.

Globalisierung ostasiatischer Kultur

Die fortschreitende Globalisierung erleichtert den Zugang zu Konsumgütern, deren kulturelle Herkunft eindeutig in Ostasien liegt. Japanische Sushi, koreanisches Kimch'i und chinesische Nudeln werden heute in vielen europäischen Supermärkten angeboten. Taekwondo, Judo und Kung-Fu sind weltweit verbreitete Sportarten. Ostasiatische Religionen sind beliebte Themen in esoterischen Bücherecken. In Ostasien entwickelte alternative Heilmethoden wie Akupunktur und Shiatsu-Massage gehören zum Angebot vieler Arztpraxen auch in Deutschland. Jugendliche in aller Welt lesen mit Begeisterung japanische und koreanische Manga und konsumieren, angefangen mit „Heidi" und der „Biene Maja", japanische Anime-Serien; Actionfilme aus China und Hong Kong sowie romantische Fernsehserien aus Korea finden ebenfalls große Aufmerksamkeit, ebenso Popmusik aus Korea und Japan. Ein Grund für dieses starke Interesse an ostasiatischer Kultur ist sicher der Reiz des Neuen. Allerdings ist das Interesse an sich weder neu noch ist es einseitig. Gegenseitige Beeinflussung und kulturellen Austausch zwischen Europa und Asien gibt es schon seit langer Zeit. Doch gibt es spezifische Gründe dafür, dass die ostasiatische Kultur auch heute noch als besonders angesehen wird.

Die ostasiatische Esskultur

Es ist nicht abwegig, Ostasien als diejenige Region zu definieren, in der die Hauptmahlzeit mit Essstäbchen gegessen wird. Doch die ostasiatische Küche spiegelt gleichzeitig nationale Eigenheiten wie regionale und überregionale Verflechtungen wider. Ein regionales Phänomen stellen Anbau und Konsum von Japonica-Reis dar, einer Kulturpflanze, die seit drei Jahrtausenden in den vom Monsunklima beeinflussten Teilen Ostasiens als hauptsächlicher Lieferant von Kohlenhydraten auf Nassfeldern angebaut wird. Ihre Vorläufer stammen aus Südostasien, wo jedoch wie in Indien Trockenfeldanbau überwiegt. In manchen Gegenden Ostasiens, vor allem im nördlichen China, lässt das Klima keinen Nassreisanbau zu, weshalb hier andere Getreidearten wie Hirsen und Gerste vorherrschen. Von dort stammt ursprünglich auch die proteinreiche Sojabohne, die gleichfalls seit langem aus der ostasiatischen Küche nicht wegzudenken ist. Ungleichmäßiger war die Versorgung mit tierischem Eiweiß; das Haushuhn verbreitete sich von Südostasien aus über ganz Ostasien, Schweine- und Rinderzucht blieb jedoch auf diejenigen Teile des Festlandes beschränkt, in denen der Reisanbau weniger prominent war. Insbesondere in Japan stand zudem das buddhistische Tötungsverbot der Fleischproduktion entgegen. Einerseits entwickelte sich deshalb aus der Tradition buddhistischer Klöster ein vielfältiges Angebot vegetarischer Speisen (z. B. Tofu, eine Art Sojaquark). Andererseits wurde an Flüssen und Küsten (und damit wiederum besonders in Japan) intensiver Fischfang betrieben. Da Fisch nach buddhistischen Vorschriften ähnlich wie im Christentum nicht als Fleisch betrachtet wurde, stieß sein Verzehr auf keine ethischen Bedenken. Die moderne Milchwirtschaft wurde erst am Ende des 19. Jahrhunderts aus dem Westen importiert. Viele Ostasiaten leiden als Erwachsene an einer genetisch bedingten Laktose-Intoleranz; auch der Genuss von Alkohol führt bei vielen zu allergischen Erscheinungen. Dennoch sind Produktion und Konsum von Alkohol in Ostasien bereits seit vorhistorischer Zeit belegt. Traditionelle Getränke aus vergorenem Reis (japanischer Sake, koreanischer *makkŏli*) oder gebranntem Getreide (chinesischer *maotai* aus Gaoliang-Hirse, koreanischer *soju* aus Reis unter Beigabe anderer Getreide, japanischer *shōchū* aus Hirse, Süßkartoffeln usw.) werden heute ergänzt durch Getränke, die durch den Kontakt mit dem Westen vermittelt wurden, wie Wein (der in vielen Teilen Ostasiens angebaut werden kann), Bier (heute das meistkonsumierte alkoholische Getränk in Ostasien) und Whiskey. Das wichtigste nichtalkoholische Getränk ist der Tee, der in Ostasien überwiegend nicht fermentiert zubereitet wird und daher grün ist. In den buddhistischen Klöstern wurde das Teetrinken zu einem rituellen Akt entwickelt, der in säkularisierter Form durch die japanische Teezeremonie popularisiert und seit dem Ende des 19. Jahrhunderts auch international bekannt wurde. Grüner Tee, der in Ostasien ein Alltagsgetränk ist, gilt heute weltweit als gesundheitsförderndes Getränk. Dies trifft seit langem auch für Produkte aus einer Pflanze zu, die fast nur in der Gebirgslandschaft Koreas vorkam, den Ginseng. Er ist als Arznei äußerst beliebt und war lange Zeit eines der wichtigsten koreanischen Handelsprodukte. Im 16. und 17. Jahrhundert brachten spanische Händler Handelsgüter aus Süd- und Mittelamerika nach Ostasien, darunter neben Tabak die Kartoffelpflanze, Zuckerrohr, Tomaten, Mais und Chili. Sie revolutionierten auch in dieser Weltregion die Ernährung. Insbesondere die koreanische Küche veränderte sich durch die Einführung von Chili stark; in dieser Zeit entstand die heute dominierende scharfe Variante des Kimch'i. Der innerostasiatische Handel spielte bei der Verbreitung dieser neuen Pflanzenarten eine entscheidende Rolle; so übernahmen die Japaner Mais auf dem Weg über China und die Koreaner Chili und die Süßkartoffel auf dem Weg über Japan.

Die Globalisierung der Esskultur

Umgekehrt beschränkte sich der ostasiatische Einfluss auf die westliche Küche lange Zeit auf die Nudeln, die der Legende nach im Mittelalter aus China nach Italien gekommen sein sollen. Die wirkliche internationale Verbreitung der ostasiatischen Küche hängt mit der Globalisierung der Neuzeit zusammen. Seit der Mitte des 19. Jahrhunderts wurden chinesische Arbeiter als billige Arbeitskräfte in den USA, aber auch in englischen Kolonien wie Australien und Südafrika beschäftigt. Neben der Kontraktarbeit im Eisenbahnbau und Bergbau waren ihnen nur wenige andere Erwerbstätigkeiten erlaubt, darunter die Gastronomie. Chinesische Restaurants waren ein wichtiger Bestandteil der so genannten China Towns in Übersee. Lange Zeit galten sie als die exklusiven Vermittler der asiatischen Küche unter Einschluss vietnamesischer, japanischer und koreanischer Gerichte. Ab den 1950er-Jahren drängte auch die zuvor wenig bekannte japanische Küche auf den nordamerikanischen und später den europäischen Markt. Japan wird allerdings für den Walfang, der für manche Küstenregionen im 18. bis 20. Jahrhundert einen bedeutenden Wirtschaftsfaktor darstellte, international kritisiert, weil viele Walarten als vom Aussterben bedroht gelten. Der Walfleischverzehr ist jedoch stark zurückgegangen, und Walfang ist kommerziell kaum noch interessant. Heute drohen auch Thunfisch und Aal, die in Japan traditionell zu den höchst geschätzten Fischsorten gehörten, wegen Überfischung von der Speisekarte zu verschwinden. Allerdings ist seit Beginn der Modernisierung der Verbrauch von Fleisch und Milchprodukten sowie Weizen in ganz Ostasien stark gestiegen. Rasches Bevölkerungswachstum, Urbanisierung sowie die Aufgabe von landwirtschaftlichen Nutzflächen haben dazu geführt, dass China, Japan und Korea heute Grundnahrungsmittel – darunter auch Reis und Weizen – aus anderen Weltregionen (Südostasien und Nordamerika) importieren müssen. Nordkorea scheint nicht mehr in der Lage zu sein, die Versorgung der einheimischen Bevölkerung ohne ausländische Hilfe zu gewährleisten. In Südkorea ist die Reisproduktion stark zurückgegangen. Japans Reisbau wurde bis in die 1990er-Jahre durch staatliche Protektion geschützt, wobei ähnlich wie beim Walfang versucht wurde, dies mit den kulturellen Traditionen des Landes zu begründen. Freilich stellt der vollzogene oder geplante Abschluss internationaler Handelsabkommen die meisten dieser Schutzmaßnahmen inzwischen in Frage. In allen ostasiatischen Ländern finden jedoch Fragen der Sicherheit gerade importierter Lebensmittel große Aufmerksamkeit in der Bevölkerung; Lebensmittelskandale belasten mitunter auch die zwischenstaatlichen Beziehungen. Dass sich die ostasiatische Esskultur in der globalisierten Welt dennoch unter Wahrung regionaler Eigenheiten kreativ entwickeln kann, beweist die im 21. Jahrhundert zunächst in Korea aufgekommene „Fusion"-Cuisine, in der lokale Gerichte mit fremden Küchen gemischt werden (z. B. chinesisch-koreanisch oder japanisch-koreanisch). Das moderne Ostasien isst zwar immer noch überwiegend mit Essstäbchen, doch gehören Messer, Gabel und Löffel inzwischen wie selbstverständlich dazu. Seit „ethnic food" als Möglichkeit entdeckt wurde, um für das besondere Profil einer Nation zu werben („national branding"), wird allerdings auch in Ostasien versucht, Namen und Marken von Lebensmitteln und Gerichten stärker zu schützen. Heutzutage versucht vor allem Südkorea, sein nationales Image mit der Werbung für gesundes, naturbelassenes und dem modernen Lebensstil angemessenes koreanisches Essen zu verbinden.

Ostasiens Filmkultur

Mit der Globalisierung hängt auch die Entstehung der ostasiatischen Filmindustrie seit dem frühen 20. Jahrhundert zusammen. Japan war ab den 1920er-Jahren einer der größten Märkte und Produzenten für dieses neue Medium. In Tokyo und Kyoto entstanden Filmstudios und Filmtheater, die nicht nur westliche (v. a. amerikanische und deutsche) Filmkunst aufnahmen und nachahmten, sondern auch neue Stoffe und Techniken entwickelten. Samurai-Filme und Liebesdramen, später auch militärische Propaganda und der zu Unterrichts- und Indoktrinationszwecken aus Deutschland übernommene Kulturfilm gaben dem frühen japanischen Film sein besonderes Gesicht. Auch der Trickfilm entwickelte sich; während der 1940er-Jahre entstanden bereits Zeichentrickfilme, die technisch nahe an das Vorbild Walt Disney herankamen. Bevor sich der Tonfilm verbreitete, etablierte sich die besondere, auf die frühere Theatertradition zurückgehende Technik des Filmerzählers (*benshi*), die sich auch in Korea und China verbreitete. Der *benshi* machte Übersetzungen und Synchronisationen überflüssig und passte seine Erzählung an die Erwartungen und Vorkenntnisse seines Publikums an, weshalb er auch eine wichtige kulturvermittelnde Rolle bei der Rezeption westlicher Filme spielte. In Japans damaliger Kolonie Korea begann die Filmproduktion unter den Bedingungen der kolonialen Herrschaft. Einerseits wurden viele koreanische Filmemacher in Japan ausgebildet, kooperierten mit japanischen Filmgesellschaften und Regisseuren und mussten sich den Bedingungen der japanischen Filmzensur unterwerfen. Andererseits griffen sie in Korea beliebte Stoffe auf, machten koreanische Schauspieler und Regisseure bekannt und boten dadurch Raum für einen untergründigen Nationalstolz. In der Mandschurei schuf der dort dominierende japanische Industriekonzern, die Südmandschurische Eisenbahngesellschaft, eine eigene Filmgesellschaft, die als multiethnisches Unternehmen Filme für ein überwiegend chinesischsprachiges Publikum schuf, die aber auch in Japan und Korea beliebt waren. Ihre größte Konkurrenz war die Filmindustrie Shanghais, die jedoch nach der japanischen Besetzung Shanghais im Zweiten Weltkrieg ihre Unabhängigkeit verlor und nach der kommunistischen Revolution nach Hong Kong auswanderte. Um ein möglichst großes Publikum zu erreichen, war es von Anfang an üblich, auch populäre Stoffe aus den ostasiatischen Theater-

und Literaturtraditionen zu verfilmen. Da viele Stoffe auf gemeinsame (meist chinesische) Wurzeln zurückgingen, entstanden hier thematische Schwerpunkte, die sich deutlich von denen in Europa und Nordamerika abhoben und dadurch dem Film in Ostasien ein deutliches regionales Profil gaben. Dazu gehörten zum einen Actionfilme, in denen „Kämpfer für die Gerechtigkeit", oft auf übermenschliche oder magische Fertigkeiten gestützt, gegen Schurken oder Tyrannen kämpfen. Sie gehen auf konfuzianische, daoistische und buddhistische Vorbilder zurück, die das Ideal eines geistig und körperlich autonomen Widerstandes gegen Unterdrückung und Fremdherrschaft hochhielten. Ein herausragendes Beispiel hierfür bietet die mingzeitliche Legende der 108 „Rebellen vom Liangshan-Moor" (chin. *shuihuzhuan*), die zunächst in Romanform auch im Rest Ostasiens verbreitetet wurde. In Japan entstand hieraus im frühen 19. Jahrhundert eine eigene Adaption (*hakkenden*), die im späten 20. Jahrhundert in Form von Anime-Serien weltweit verbreitet wurde. Zweitens gibt es viele Produktionen, die das ursprünglich konfuzianische Ideal des treuen Vasallen, Ministers oder der treuen Ehefrau und Tochter thematisieren; die Disney-Verfilmung der Legende von Mulan ist hierfür ein Beispiel. Die seit den 1940er-Jahren überaus beliebten Liebesdramen sind ursprünglich auch Varianten dieses Treue-Themas; andererseits reflektieren sie insbesondere die Rolle der Frau in den ostasiatischen Gesellschaften. Seit den 1970er-Jahren entwickelte sich hieraus in den japanischen Animationsfilmen die Figur der autonomen, den männlichen Superhelden ebenbürtigen Heroin (z. B. als „Magical Girl" wie in der „Sailor Moon"-Serie oder als quasimessianische Retterin wie in „Nausicaa"), wofür es in westlichen Medien kein Beispiel gab. Ostasien gehört auch zu den führenden Produzenten von Pornographie und Horrorfilmen. Bei der Darstellung von Sexualität gelten hier manche Tabus nicht, die von der in Amerika und Europa vorherrschenden christlichen Sexualmoral gesetzt wurden und die in den ostasiatischen Gesellschaften nicht in derselben Rigidität galten (z. B. bei der Behandlung von Homosexualität und Prostitution). Ähnliches gilt auch für Gewaltdarstellungen, die in der Volksliteratur und auch der Bildkunst Ostasiens seit langem vergleichsweise explizit erfolgten. Unterstützt durch westliche Phantasien von gefügigen asiatischen Frauen („Geisha"-Klischee) und brutalen asiatischen Gangstern sind solche Produktionen international erfolgreich geworden. Dies gilt sehr viel weniger für ursprünglich religiöse Überlieferungen, die in Ostasien geteilt werden, aber außerhalb des vom Mahāyāna-Buddhismus und Daoismus geprägten Raumes kaum verständlich sind. Ein Musterbeispiel ist die „Reise nach dem Westen" (*Xiyouji*), ein mingzeitlicher Roman über einen buddhistischen Mönch, der von China aus nach Indien reist, um dort nach heiligen Schriften zu suchen. Er wird von einem Affen und einem Eber mit dämonischen Kräften begleitet. Ihre Abenteuer sind vielfach rezipiert und variiert worden und in säkularisierter Form in den 1990er-Jahren in der Manga- und Anime-Serie „Dragonball" weltweit bekannt geworden, in der die ursprünglichen religiösen Motive kaum noch erkennbar sind. Historisches Vorbild der „Reise nach dem Westen" war der tangzeitliche Mönch Xuanzang, der im 7. Jahrhundert tatsächlich nach Indien reiste und eine wichtige Rolle bei der Verbreitung des Buddhismus in Ostasien spielte. Stoffe aus der politischen Geschichte des alten Chinas wie die „Chronik der Drei Reiche" („*Sanguozhi*") sind ebenfalls in ganz Ostasien beliebt und werden heute in Filmen, Fernsehproduktionen und Computerspielen verbreitet; doch da sich das historische Vorwissen in Ostasien und dem Rest der Welt erheblich unterscheidet, sind ihrer weltweiten Verbreitung Grenzen gesetzt.

Traditionelle Geschichtsschreibung und Zeitrechnung

Die Überlieferung historischen Wissens wurde lange Zeit vom Vorbild der chinesischen Geschichtsschreibung geprägt. In der Han-Zeit entwickelte der Hofchronist Sima Qian für seine „Annalen" (*Shiji*) ein literarisches Modell, das in den danach entstandenen offiziellen Geschichten der chinesischen Dynastien nachgeahmt wurde: Chronik der Reichsgeschichte, historische Tafeln, Abhandlungen wichtiger Probleme in Politik, Wirtschaft und Kultur, die Geschichte der Fürstenhäuser und Biographien historischer Persönlichkeiten wurden zu einem autoritativen Werk gebündelt. Jede Dynastie hatte die Aufgabe, die Geschichte ihrer Vorgängerdynastie zu schreiben und selbst penibel, aber unter Geheimhaltung genau zu protokollieren, was in ihrer eigenen Zeit geschah, damit die Historiker der nächsten Dynastie hieraus ihr Urteil fällen und die Fortsetzung der Reichsgeschichte erstellen konnten. Das Ergebnis galt als objektiv, weshalb die Originalquellen und alle anderen Überlieferungen vernichtet werden konnten. Aus früheren Zeiten gibt es deshalb häufig nur diesen offiziellen Überlieferungsstrang. In Korea, Vietnam und Japan wurde diese Form nachgeahmt. Freilich gab es später auch private Darstellungen, die sich auf andere Quellen stützten und zusätzliches Material enthielten. Bis heute ist jedoch die Vorstellung, es sei möglich, eine auf Fakten gestützte, objektive und letztgültige Beschreibung der Vergangenheit zu erstellen, vor allem in China und Korea lebendig. Angefangen mit dem allgemein als „der Historiker" bekannten Sima Qian riskierten konfuzianische Hofchronisten häufig ihre Karriere und sogar ihr Leben, weil sie gegen den Widerstand der Herrscher Dinge festhalten wollten, die deren Wirken nicht vorteilhaft erscheinen ließen. Insbesondere am koreanischen Königshof kam es deshalb zu schwerwiegenden Meinungsverschiedenheiten und zur Verfolgung von Historikerschulen. Buddhistische Geistliche beurteilten die Geschichte dagegen nach den heilsgeschichtlichen Maßstäben ihrer Religion; nach einer weit verbreiteten Auffassung befand sich die Menschheit seit dem 11. Jahrhundert in einer Phase des Niederganges vor der Ankunft des Buddhas Maitreya. Entsprechend pessimistisch waren ihre Tempelchroniken gehalten. Weil es in Japan keinen offiziellen Dynastiewechsel gab, hatte dort die Reichsgeschichtsschreibung nur untergeordnete Bedeutung. Die Tagebücher von Adligen und andere nichtamtliche Quellen, die in China und Korea jeweils eingezogen, ausgewertet und vernichtet wurden, sobald die amtliche Geschichte geschrieben wurde, sind in Japan deshalb häufig erhalten geblieben. In die amtlichen Werke wurden auch historisch nicht beweisbare Legenden eingearbeitet, soweit sie für das Selbstverständnis der Herrscher z. B. als Gründungsmythos wichtig waren. Verbreitet war die Behauptung, der Gründer einer neuen Dynastie sei göttlichen Ursprungs oder er habe seine Herrschaft auf moralisch und rechtlich einwandfreiem Weg aus den Händen der im Niedergang befindlichen Vorgängerdynastie erhalten. Solche Mythen wurden noch in moderner Zeit staatlicherseits als „politische Religion" verbreitet (Japan: Abstammung des Kaiserhauses von der Sonnengöttin Amaterasu; Nord- und Südkorea: Legende vom König Tan'gun als Gründer des Landes).

Nach chinesischem Vorbild war der Herrscher auch Herr über die Zeit. Er durfte die Jahreszählung ordnen, indem er Ärennamen bestimmte und den Kalender festlegte. Wer zum chinesischen Kaiser in ein Abhängigkeitsverhältnis trat, verpflichtete sich auch, dessen Kalender und dessen Jahreszählung zu übernehmen. Die Annahme eines anderen oder eigenen Kalenders war deshalb umgekehrt ein Zeichen für Unabhängigkeit. Am Hof wachten Astronomen über die komplizierte Berechnung des lunisolaren Kalenders. Jeder Monat sollte mit einem Neumond beginnen. Gleichzeitig sollten jedoch auch die kalendarischen Jahreszeiten nicht von den tatsächlichen abweichen. Es galt daher, den Lauf des Mondes mit dem der Sonne zu synchronisieren. Das wichtigste Mittel hierfür war die Einführung von Schaltmonaten. Dafür gab es komplizierte Regeln, die jedoch verändert wurden, sobald neue astronomische Erkenntnisse dies erforderten. Kalenderreformen wurden deshalb als Ausweis wissenschaftlichen Fortschritts gefeiert.

Japan war 1873 das erste ostasiatische Land, das den westlichen Sonnenkalender übernahm. Hier verdrängte er den traditionellen Kalender weitgehend aus dem öffentlichen und privaten Leben. In China und Korea, die den westlichen Kalender später einführten, prägt der lunisolare Kalender dagegen bis heute das Brauchtum. So wird hier Neujahr am ersten Neumond nach der Wintersonnenwende gefeiert, was aufgrund der im Laufe der Jahrhunderte aufgelaufenen Differenz zum westlichen Kalender heute in den Monat Februar fällt.

Übernahme westlicher Methoden und nationalistische Geschichtsschreibung

Die Einführung westlicher wissenschaftlicher Methoden hat auch die ostasiatische Geschichtsschreibung verändert. Sie arbeitet heute quellenkritisch, methodisch vielfältig, mit Bezug auf die Zusammenhänge der Weltgeschichte und problematisiert den Begriff der historischen Wahrheit. Freilich ist die offizielle Geschichtsschreibung in den kommunistisch regierten Ländern an den marxistischen historischen Materialismus sowie an die Interpretationen der kommunistischen Parteien gebunden. Da die Vermittlung historischer Allgemeinbildung heute im Wesentlichen durch Schulbücher und Massenmedien erfolgt, hängt das öffentliche Geschichtsbild eng mit der Kontrolle des Erziehungswesens und der Zensur der Medien zusammen. An die Stelle der Dynastiegeschichtsschreibung ist im 20. Jahrhundert die nationalistische Geschichtsschreibung getreten. Sie interpretiert und legitimiert die Geschichte vom Standpunkt nationaler Interessen aus. Ein gemeinsames ostasiatisches Geschichtsbild gibt es wegen der ideologischen Konflikte zwischen den modernen ostasiatischen Staaten daher nur ansatzweise. Auseinandersetzungen um die Interpretation der Vergangenheit werden deshalb häufig mit großer Schärfe geführt. Die Grenzen der Globalisierung zeigen sich hier sehr deutlich.

> **Inhaltliche Schwerpunkte und Problemorientierung im Unterricht**
> - weltwirtschaftliche Bedeutung von „Soft Power"
> - *Ist der Erfolg der ostasiatischen Pop- und Esskultur eine Gegenbewegung zur Amerikanisierung?*
> - *Wie hängen Globalisierung, Regionalisierung und nationale Identität zusammen (z.B. im Vergleich zu Europa)?*

Literaturhinweise

Conrad, Sebastian: Auf der Suche nach der verlorenen Nation. Geschichtsschreibung in Westdeutschland und Japan, 1945-1960. Göttingen: Vandenhoeck & Ruprecht, 1999.

Goch, Ulrich: Abriß der japanischen Geschichtsschreibung. München: Iudicium, 1992.

Schmidt-Glinzer, Helwig: Wir und China – China und wir: kulturelle Identität und Modernität im Zeitalter der Globalisierung. Göttingen: Wallstein, 2000.

Schwitzer, Klemens: Kulturelle Grundlagen der Medialisierung in Südkorea: Eine qualitative Studie am Beispiel der Fernsehnutzung. Heidelberg: Springer, 2010.

Stiletto, Stefan/Twele, Holger: Das Schloss im Himmel. Bonn: Bundeszentrale für politische Bildung, 2007.

Vogelsang, Kai: Geschichte als Problem: Entstehung, Formen und Funktionen von Geschichtsschreibung im Alten China. Wiesbaden: Harrassowitz, 2007.

Unterrichtsvorschlag: „Sprache und Schrift in Ostasien"

1. Einstieg

Bericht über Tattoos mit chinesischen/asiatischen Schriftzeichen (**M1**)

2. Fragestellungen

- Konstruktionsprinzipen chinesischer Schriftzeichen
- Entstehung der chinesischen Schriftzeichen
- Schwierigkeiten beim Erlernen (Zusammenhang Schrift und Sprache)
- Ähnlichkeiten und Unterschiede zu Japanisch und Koreanisch

3. Umsetzung

a) „Erfinden" eigener Schriftzeichen für deutsche Begriffe (Vorgabe ist ein Quadrat mit einheitlicher Größe, in das die Schriftzeichen jeweils angeordnet werden müssen). Wahrscheinlich muss man ein, zwei Begriffe vorgeben, die die Schüler als Symbole schreiben sollen: ein Substantiv, ein Verb, ein abstraktes Adjektiv. Worin liegen die Schwierigkeiten, Sprache durch Symbole wiederzugeben statt durch Buchstaben? Fazit: Es muss ein weiteres Element hinzukommen!

b) Exkurs: Entstehung der chinesischen Schrift (Info durch den Lehrer: entweder Material oder LV)

Beispiel: Entwicklung des Zeichens für shan = Berg

Chinesisch ist eine Silbensprache und kennt heute 420 unterschiedliche Silben. Alle Wörter im Chinesischen bestehen aus diesen Silben, die mit unterschiedlichen Tönen gesprochen werden können, um ihnen unterschiedliche Bedeutungen zu geben.

c) Die Konstruktionsprinzipien der chinesischen Schrift
- „Reich der Mitte" als Beispiel für aktuelle chinesische Schriftzeichen:
  中国
  Zhong guo Reich der Mitte
- Die chinesischen Schriftzeichen bestehen häufig aus einem sinngebenden und einem lautgebenden Teil – ein Beispiel:

Ma ist nicht Ma: Mutter? Hanf? Pferd? oder schimpfen?

1. Ton	2. Ton	3. Ton	4. Ton
Gleich bleibend hoch	steigend	Tief fallend – steigend	scharf abfallend
mā ‚Mutter' 妈	má ‚Hanf' 麻	mǎ ‚Pferd' 马	mà ‚schimpfen' 骂

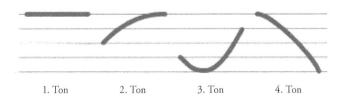

1. Ton　　2. Ton　　3. Ton　　4. Ton

> Fazit: Hochchinesisch ist eine *tonale* Sprache. Eine Silbe kann einen der vier Töne oder manchmal auch gar keinen haben. Ein anderer Ton bedeutet dabei einen anderen Sinn. Der Ton ist also unabhängig von der Gemütsverfassung des Sprechers oder der Stellung des Wortes im Satz; so ist eine ansteigende Tonhöhe nicht mit einer Frage und eine abfallende Tonhöhe nicht mit einer Aussage gleichzusetzen.

4. Weitere Schwerpunkte

a) Übernahme der Schrift in andere Sprachen (exemplarischer Vergleich des Chinesischen mit dem Japanischen)
b) Schrift, Sprache, Herrschaft (durch die Verbreitung von Konfuzianismus/Buddhismus)

5. Zwischenbilanz

Kann von einem „Kulturkreis Ostasien" gesprochen werden? (Hintergrund ist die Tatsache, dass aus europäischer Sicht Ostasien – trotz ethnischer und kultureller Vielfalt – als Einheit wahrgenommen wird.)

6. Ausblick

Text „Online nach 3000 Jahren", Internetadressen dürfen chinesische Schriftzeichen enthalten (**M2**)

Was geschieht mit den europäischen Domänen/Sprachen, wenn immer mehr Chinesen das Internet nutzen? Kommt es zu einer Sinisierung des Netzes?

7. Unterrichtsmaterialien

M1 (ZEITjUNG.de, *26.2.2012*)

Exotische Schriftzeichen sind oft spiegelverkehrt, peinlich, hässlich und haben die falsche Bedeutung.

Hassobjekt: Chinesische Tattoos
26.2.2012
Warum nur lassen sich so viele Menschen chinesische Zeichen auf den Hintern tätowieren?

Es ist Hochsommer. Eine Freundin und ich sitzen in einem Freibad und beobachten die Menschen um uns herum. „Da, schon wieder eins", sagt sie und zeigt auf eine jungen Frau. Auf der Schulter der sonnenverbrannten Dame im pinken Bikini prangt ein Tattoo. Es ist das chinesische Schriftzeichen „*ai*". Das bedeutet Liebe. Wie kreativ, denken wir uns. Wenig später schwimmt vor uns ein junger, muskulöser Mann. Er hat sich „*fu*" tätowieren lassen. Glück bedeutet das. Nur Pech für ihn, dass das Zeichen spiegelverkehrt auf seinem Nacken klebt. [...]

Rechtschreibfehler auf dem Hintern
Jetzt ist es Winter. Ich sitze in der Sauna. Vor mir ein junger Mann, der zwei Schriftzeichen über seiner rechten Pobacke tätowiert hat. Ich frage ihn, was die Zeichen bedeuten. „Das ist der Name meiner Freundin, Anne", sagt er. „Schön", sage ich. Dass ich Sinologie studiere und auf seinem Allerwertesten in Wirklichkeit „*laji*" steht, das chinesische Wort für „Abfall", sage ich ihm lieber nicht. Er ist einen Kopf größer als ich.

[...] Wieso lassen sich intelligente Menschen profane, kitschige Worte wie „Liebe", „Leidenschaft" oder „Glück" auf den

Körper tätowieren? Moment, machen sie ja gar nicht. Fänden sie sicher selbst auch blöd. Deswegen lassen sie sich dieselben doofen Begriffe in chinesischen Schriftzeichen stechen. Das ist irgendwie so schön exotisch. Und lesen kann's ja auch keiner. Oder?

Nur dumm, dass das oft schiefgeht. Hierzulande haben sicherlich die wenigsten Tätowierer Chinesisch studiert. Und so kommt es zu den absurdesten Tattoos. Meist fehlt nur ein Strich. Oder es ist einer zu viel. Aber das kann die Bedeutung eines Zeichens komplett verändern. Da wird aus Leben (生) schnell mal Sex (性). Oder das Zeichen ist spiegelverkehrt. Oder steht auf dem Kopf. Oder aber der Tätowierer weiß genau, was er macht – und erlaubt sich einen Scherz.

König der Klatschspalten
So wie geschehen bei Lee Beck, einem jungen Briten. Drei Zeichen hat er sich stechen lassen. Als er dann einige Tage später in einem chinesischen Restaurant war, klärte ihn die Kellnerin auf über das, was da auf seinem Arm stand: „Heute Abend wird dieser Junge hässlich sein", hat ihm der Tätowierer auf den Arm geschrieben. So schnell landet man in den Klatschspalten. [...]
(*http://www.zeitjung.de/menschen/7388-hassobjekt-chinesische-tattoos-exotische-schriftzeichen-sind-oft-spiegelverkehrt-peinlich-haesslich-und-haben-die-falsche-bedeutung/*)

M 2 (Süddeutsche Zeitung, *5.10.2012*)

Online nach 3000 Jahren

Internetadressen dürfen chinesische Schriftzeichen enthalten

Die Chinesen lieben das Netz. Kein Land zählt mehr Internetnutzer als China, 538 Millionen waren es im Juni. Diesen Monat nun wird das Internet noch ein Stück chinesischer: Erstmals lösen chinesische Schriftzeichen die bislang notwendigen lateinischen Buchstaben bei der Endung des Domainnamens ab. Bislang sind chinesische Websites nur unter der Landeskennung „.cn" zu erreichen, von Mitte Oktober an dürfen sie sich anstelle des lateinischen Kürzels mit den Schriftzeichen für China schmücken.

Wörtlich übersetzt bedeuten die beiden «Zhong Guo» ausgesprochenen Zeichen jenes viel zitierte „Reich der Mitte". Gemeint war natürlich die Mitte der bekannten Welt, als die sich die Chinesen jahrtausendelang empfunden haben. Viele Chinesen fühlen nun, 150 Jahre nachdem sie vom technologisch überlegenen Westen an die Peripherie gedrängt wurden, wachsenden Stolz angesichts der zunehmenden Selbstbehauptung ihrer Wirtschaft und Kultur.

Icann, jene Behörde, die die Domainnamen – also die Adressbezeichnungen – im Netz verwaltet, hatte 2010 beschlossen, auch nicht lateinische Schriften zuzulassen. Ob der Sprung der mindestens 3000 Jahre alten chinesischen Schriftzeichen in die Befehlszeile der Browser nun tatsächlich die „dramatische Verschiebung in unserer Onlinewelt" ist, die der damalige Icann-Präsident Rod Beckstrom prophezeit hatte? Auf jeden Fall ist das Netz nicht länger jenes Weltreich des Englischen, das es lange war.

Domainnamen in Arabisch und Kyrillisch sind schon seit dem vergangenen Jahr gebräuchlich, aber die beiden Sprachen kamen 2011 gerade auf je 3 Prozent aller Nutzer. Noch immer 26,8 Prozent verständigten sich auf Englisch – und bereits sind es 24,2 Prozent, die sich auf Chinesisch unterhalten; es ist die mit Abstand am schnellsten wachsende Sprachgemeinde. Nun bescheinigt ein Bericht der Akademie für Sozialwissenschaften den Chinesen, die weltgrößte Gemeinde der Mikroblogger zu stellen: 274 Millionen sollen es sein, Tendenz steigend.

Sina Weibo ist der größte Mikrobloggingdienst, das Äquivalent zu Twitter. 2009 wurde der Dienst erst lanciert, inzwischen lesen 30 Prozent aller Internetnutzer die Kurznachrichten – bis zu 100 Millionen der maximal 140 Zeichen langen Mitteilungen werden täglich veröffentlicht. Twitter selbst ist blockiert; China schickt nicht nur die meisten Nutzer, sondern auch die meisten Zensoren ins Netz.

Trotz der Zensur zählt China auch eine riesige Zahl von Twitterern. Gemäß einer aktuellen Erhebung von Global Web Index sind es sogar mehr als in den USA. Über 35 Millionen chinesische Nutzer seien es, welche die Zensur umgehen und Twitter aktiv nutzen. Dienste wie Sina Weibo üben Selbstzensur und sperren täglich neue Begriffe, dennoch haben die Mikroblogs die Debatte in China so lebendig wie nie gemacht. Die Zensoren kommen oft nicht nach, Fälle von Korruption und Machtmissbrauch werden tausendfach eingespeist. Partei und Regierung versuchen es mit einer Gegenoffensive: Mehr als 18 000 Konten haben Kader und Behörden selbst angelegt, die Volkszeitung hat sechs Redaktoren alleine für das Mikrobloggen angestellt.

Zum Vormarsch des Chinesischen im Netz gibt es einen Gegentrend: Wie überall auf der Welt schleichen sich auch in China Anglizismen in die Sprache, Nutzer greifen zu Zahlen- und Buchstabenkürzeln – vielleicht sogar mehr als anderswo, da die zeitlos schönen Schriftzeichen erst nach erheblichem Tippaufwand auf dem Bildschirm erscheinen. Und wie überall auf der Welt herrscht deshalb unter Sprachpuristen ein Heulen und Zetern. Ein junger Chinese würde seinem Ärger wohl Luft machen, in dem er eilig „7456" in sein Smartphone hackt: Die Ziffernfolge spricht sich beinahe gleich aus wie „qi si wo le" – „Zum Totärgern".

Glossar

1. Asien und Europa

Entangled history:
In der jüngeren Geschichtsforschung entwickelter Begriff für die globale Verflechtung geschichtlicher Entwicklungen schon vor der gegenwärtigen „Globalisierung"; der Akzent liegt dabei auf der Reziprozität der Beeinflussung auch in Situationen des Machtgefälles.

Pax mongolica:
Bezeichnet die innere Stabilität und Sicherheit des mongolischen Weltreichs, die es der Legende nach einer Jungfrau ermöglichte, unbelästigt von einem Ende des Riesenreichs zum anderen zu wandern. (Vgl. auch 2. Ostasiatische Weltordnung „Mongolenreich".)

Technologietransfer:
Übermittlung technologischer Kenntnisse in größerem Maßstab und über größere Distanzen

Semikolonialisierung:
Zustand eines Staates, in dem er zwar nicht formell einem anderen als Kolonie unterworfen ist, aber aufgrund von ungleichen Verträgen nicht oder nicht auf seinem ganzen Territorium die volle Souveränität in Fragen der Politik, der Verwaltung und der Gerichtsbarkeit besitzt. (Vgl. auch 1. Asien und Europa „Ungleiche Verträge.)

„Ungleiche Verträge":
Zwischen Mitte des 19. Jahrhunderts und dem Ersten Weltkrieg von den imperialen Mächten mit den Staaten Ostasiens sowie Persien geschlossene Verträge, die für die Letzteren einen Souveränitätsverlust in Politik, Verwaltung und Rechtsprechung beinhalteten.

Kanonenbootpolitik:
Bezeichnung für den Einsatz militärischer Gewalt, oder der Androhung militärischer Gewalt, für das Erreichen diplomatischer Ziele, wie er von imperialen Mächten in Ostasien häufig ausgeübt wurde.

Meiji-Reformen:
1868 durchgeführte Reformen in Japan, die das Land auf einen rasanten Modernisierungskurs führten und binnen kurzem von einem Opfer imperialer Bedrohung zu einer eigenen Imperialmacht machten.

2. Ostasiatische Weltordnung

Mongolenreich:
Entstand um 1200 und erstreckte sich bald über große Teile Eurasiens. Durch die Aufgliederung in Einzeldomänen etablierte sich die Mongolenherrschaft in China als Yuan-Dynastie (1276-1368). Korea wurde überrannt, Japan zwar zweifach angegriffen, aber nicht erobert. (Vgl. auch 1. Asien und Europa „Pax mongolica".)

Erster Opiumkrieg 1839/40-1842:
Erste massive kriegerische Auseinandersetzung zwischen westlichen Kolonialmächten und China, die in China als historischer Wendepunkt zum „Jahrhundert der Schmach" verstanden wird. Anlass war der britische Opiumhandel. Die Auseinandersetzung, angefangen 1839, aber erst ab 1840 mit kontinuierli-

chen Kriegshandlungen, endete mit einem Sieg Großbritanniens und dem ersten sog. „Ungleichen Vertrag". (Vgl. auch 1. Asien und Europa „Ungleiche Verträge".)

Chinesisch-japanischer Krieg 1894/95:
Erste große kriegerische Auseinandersetzung zu Land und See zwischen dem aufstrebenden Meiji-Japan und dem chinesischen Qing-Reich. Anlass waren Auseinandersetzungen über die Vormachtstellung in Korea. Der Krieg endete mit dem Sieg Japans und dem Verlust der Vormachtstellung Chinas in Korea, der Abtretung Taiwans an Japan als dessen erste Kolonie und die Festsetzung der Japaner in der Mandschurei.

3. Herrschaft

klassenlose Gesellschaft:
Nach marxistischer Theorie eine Gesellschaft, die nicht in soziale Gruppen zerfällt, deren Lebens- und Arbeitsbedingungen sowie Machtchancen so unterschiedlich sind, dass sie keine objektiven gemeinsamen Interessen besitzen und in der es deshalb keine Klassenkämpfe gibt.

imperiale Staatsideologie:
Seit der Tang-Dynastie entwickelte Vorstellungen von guter Herrschaft des chinesischen Kaisers, der als zentrale Machtquelle des „Reiches der Mitte" den politischen und kulturellen Mittelpunkt der zivilisierten Welt darstellte. Sie stützt sich auf konfuzianische und legalistische Vorstellungen.

Legalismus:
Chinesische politisch-philosophische Schule, die auf die unbedingte Herrschaft des Rechts abzielt und selbst die Person des Herrschers der absoluten Geltung der Gesetze unterwirft.

Große Kulturrevolution 1966-1968:
Auf Massenaktionen und Terror gestützte, radikal-marxistische Bewegung in der Volksrepublik China, mit deren Hilfe Mao Zedong seine Macht festigen und die vorangegangenen Wirtschaftsreformen rückgängig machen wollte.

Neokonfuzianismus:
Im 13. Jahrhundert in China entstandene Richtung des Konfuzianismus, die auf einer betont rationalen, aber rigiden Interpretation der klassischen konfuzianischen Schriften beruht. In Korea wird sie faktisch zur Staatsideologie bis Ende des 19. Jahrhunderts.

„sozialistische Marktwirtschaft":
Slogan, mit dem die Volksrepublik China die Einführung marktwirtschaftlicher Elemente in die nach wie vor von sozialistischen Ordnungsvorstellungen dominierte Planwirtschaft seit den 1980er-Jahren bezeichnet.

4. Revolution und Reform

schwarze Schiffe:
Schwarz geteerte Schiffe, mit denen der US-Admiral Perry 1853 zum ersten Mal und 1854 nochmals in Japan anlandete, um die Öffnung des Landes zu erzwingen. Seine Ankunft wird als Initialzündung für die Modernisierung in Japan gesehen.

Shōgunat/shōgun:
Kaiserlicher Oberfeldherr. Ab dem späten 12. Jahrhundert faktischer Herrscher in Japan bis 1868.

Hundert-Tage-Reform:
Versuch einer Modernisierung Chinas 1898 von oben, der am Widerstand wichtiger Faktionen am chinesischen Hof scheiterte. Die Reformer flohen oder wurden hingerichtet.

Russisch-japanischer Krieg 1904/05:
Kriegerische Auseinandersetzung zwischen Japan und Russland zu Land und See um die Vorherrschaft in der Mandschurei und Korea. Der Krieg endete mit einem Sieg Japans. Korea wird in der Folge japanisches Protektorat, die Mandschurei zunehmend japanisch durchdrungen.

Guomindang:
Nationale Volkspartei in China. Entwickelte sich aus der Revolutionären Allianz, die maßgeblich am Sturz der Monarchie in China beteiligt war. Erste große Volkspartei Chinas unter Führung Sun Yat-sens. Ab den 1920er-Jahren zunehmende Konkurrenz zur neu gegründeten Kommunistischen Partei Chinas.

Sonnenscheinpolitik:
Versuch des südkoreanischen Präsidenten Kim Dae-jung (amtierte 1998-2003), außenpolitisch die Fronten gegenüber Nordkorea aufzuweichen. Er wurde 2000 dafür mit dem Friedensnobelpreis geehrt.

5. Kolonialismus

Mandschuren:
Seit dem 17. Jahrhundert Selbstbezeichnung einer nordostasiatischen Ethnie, die im Bündnis mit den Mongolen die Ming-Dynastie zerstört und bis 1910 über China herrscht. Sie gelten in der VR China heute als ethnische Minderheit.

asymmetrische Handelsbeziehungen:
Handelsbeziehungen, bei denen einer der Partner aufgrund des rechtlichen, politischen oder materiellen Ungleichgewichts systematisch benachteiligt wird.

Meistbegünstigungsklausel:
Vertragsbestimmung, wonach Bestimmungen in später geschlossenen Verträgen, die anderen Vertragsstaaten günstigere Bedingungen einräumen, automatisch auch für die zuvor abgeschlossenen Verträge gelten.

Schutzgebiet/Protektorat:
Territorium, das formell unter der Bevormundung durch einen fremden Staat (Schutzmacht) steht und seine außen- und sicherheitspolitischen Interessen nicht selbständig wahrnehmen kann. Oft Vorstufe zur Kolonie.

Treuhandschaft:
Durch internationale Übereinkunft vereinbarte, vorübergehende Verwaltung eines Territoriums (Treuhand- oder Mandatsgebiet) durch fremde Mächte mit dem Ziel, die Selbstbestimmung der dort lebenden Bevölkerung vorzubereiten.

Boxerrebellion:
Auf daoistische Lehren gestützte Volksbewegung in China im späten 19. Jahrhundert, die 1899-1900 fremdenfeindliche und antichristliche Aufstände auslöst und mit Unterstützung von Teilen des Kaiserhofes die Ausländer aus China vertreiben will. Sie wird durch eine Intervention der imperialistischen Mächte unterdrückt.

6. Ostasien in der Weltwirtschaft

Japanische Piraten:
Seit dem späten 13. bis ins frühe 16. Jahrhundert hauptsächlich von südwestjapanischen Stützpunkten aus operierende Banden, die organisierte Raubzüge in koreanisches und chinesisches Territorium unternahmen und die Handelsschifffahrt bedrohten. Sie standen z. T. unter dem Schutz japanischer Fürstenfamilien. In späteren Zeiten stellten sie multiethnische Syndikate dar, die

die Spielräume während der heftigen politischen Umbrüche in der Region ausnutzten.

Yen-Block:
In den 1930er-Jahren entstandene und 1945 zusammengebrochene nordostasiatische Wirtschaftszone unter Dominanz Japans und der japanischen Währung, mit der Japan seine Nachbarstaaten eng an sich band.

ASEAN:
Ursprünglich als antikommunistisches Bündnis gegründete, nicht exklusive Organisation südostasiatischer Staaten, die sich seit 1989 erheblich erweitert hat und als „ASEAN+3" auch die VR China, Japan und Südkorea einbezieht. Bisheriges Hauptanliegen ist die wirtschaftliche Integration der Mitgliedsstaaten, doch bestehen Pläne, hieraus auch eine politische Union erwachsen zu lassen.

7. Entdeckungen und Reisen

Haiku:
Japanische lyrische Kurzform, die seit den 1920er-Jahren weltweite Aufmerksamkeit genießt und inzwischen auch im gymnasialen Deutschunterricht behandelt wird.

8. Migration

Han-Chinesen:
(Selbst-)Bezeichnung für die „ethnischen" Chinesen, die etwa 94 % der Bevölkerung der heutigen VR-China ausmachen. Der Name geht auf die Han-Dynastie (209 v. Chr.-221 n. Chr.) zurück, das erste chinesische Kaiserreich mit imperialer Ausstrahlung.

hermit kingdom:
Von westlichen Beobachtern für Korea verwendeter Name, als Korea von allen Ländern Ostasiens sich noch als einziges hermetisch von westlichen Handelsbeziehungen abschloss (zwischen ca. 1854 und 1882), der sich auch später noch hartnäckig hielt und heute gelegentlich in Bezug auf Nordkorea verwendet wird.

heritage studies:
Eigentlich eine Bezeichnung für einen Studienzweig, der den menschlichen Umgang mit historischem Erbe zum Thema hat; wird aber häufig – so auch hier – ironisch gebraucht für die Tatsache, dass amerikanische College-Studenten ostasiatischer Herkunft oft Kurse zu Kultur und Geschichte des Landes ihrer Herkunft belegen.

9. Stadt und Land

Geomantik:
Auslegungspraktik der geographischen Lage eines Ortes zur Bestimmung „günstiger" und „ungünstiger" Orte. Dahinter steht die Vorstellung, dass die äußere Umgebung einen Ort und die Bewohner desselben beeinflusst.

Konzessionsgebiete:
Gebiete, die im Rahmen des Kolonialismus Ausländern vertraglich zur Nutzung überlassen wurden, in denen nur ausländisches Recht galt.

Vertragshafen:
Im Rahmen des Kolonialismus vertraglich für Ausländer und Auslandshandel geöffnete Häfen.

Zoning:
Städtebaulicher Ansatz, wonach unterschiedliche Funktionsbereiche jeweils lokal zusammengefasst werden, so dass eine funktional in Zonen aufgeteilte Stadt entsteht mit Wohn-, Geschäfts-, Produktions- und Freizeitbereichen etc.

danwei-Struktur:
Spezifische Organisationsstruktur in der Volksrepublik China, die Wohn-, Arbeits- und allgemeines Lebensumfeld vereint und in der jeder Einzelne erfasst ist.

10. Sozialisation

Beamtenprüfung:
In China entwickeltes und auch in Korea und Vietnam (nicht aber in Japan) eingeführtes Instrument zur Auswahl von Beamten. In einem mehrstufigen Wettbewerb wurden v. a. die Vertrautheit der Bewerber mit den kanonischen konfuzianischen Schriften sowie ihre literarischen Fertigkeiten geprüft. Das Bestehen der Prüfung garantierte den Zugang zu Ämtern und Pfründen und sicherte deshalb den Familien der Kandidaten Prestige und die Aussicht auf Wohlstand. Für Fachbeamte gab es gesonderte Prüfungen.

Nachhilfeschule:
Heute in allen ostasiatischen Ländern verbreitete, privatwirtschaftliche Ergänzung zum offiziellen Schulsystem. Hier werden Schüler gezielt auf die Aufnahmeprüfung höherer Bildungseinrichtungen vorbereitet. Viele Eltern sehen dies trotz der hohen Kosten als notwendiges Übel an, um ihre Kinder optimal auf die Konkurrenz um Ausbildungs- und Arbeitsplätze vorzubereiten.

Ein-Kind-Politik:
Seit 1979 in der VR China geltende Beschränkung der Kinderzahl je Ehepaar auf eins. Es gibt zahlreiche Ausnahmen (z. B. für ethnische Minderheiten, Bauern, deren erstes Kind ein Mädchen ist, und Geschiedene), doch hat die Politik ihr Hauptziel erreicht, das zuvor dramatische, den Wohlstand des Landes bedrohende Bevölkerungswachstum einzudämmen.

11. Konfuzianismus

Taoismus/Daoismus:
Chinesische Lehre mit einem philosophischen (Caozi, Zhuangzi) und einem religiösen Zweig, wobei der letztere häufig mit Chinas Volksreligiosität allgemein identifiziert wird. Der philosophische (und ästhetische) Zweig entwirft Gegenwelten zu den Vereinnahmungen des Individuums durch Familie und Staat; der religiöse Zweig stellt ein Pantheon an Gottheiten sowie meditative Praktiken zur Verfügung.

patrilineare Familienstruktur:
Als patrilinear wird eine Familienstruktur bezeichnet, bei der Abstammung über die väterliche Linie bestimmt wird, d. h. Kinder werden der Familie des Mannes zugerechnet. Zumeist bestimmt dies auch das Erbrecht (Söhne erben das meiste oder alles).

neokonfuzianische Metaphysik:
Derjenige Zweig des Neokonfuzianismus, der sich mit Fragen nach dem Wesen des Menschen und des Kosmos und dem Zusammenhang beider auseinandersetzt und dabei eine Reihe von Begriffen entwickelt bzw. in den Vordergrund gestellt hat, die sich auf keine physische Realität beziehen (etwa *li*, das Ordnungsprinzip, *taiji*, der Große Uranfang etc.).

12. Buddhismus in Ostasien

Zen-Schule:
Buddhistische Schulrichtung, in der die Meditation im Mittelpunkt steht.

Lamaismus:
Eigentlich eine Fehlbezeichnung für den v. a. in Tibet und der Mongolei praktizierten tantrischen (oft auch: „esoterischen") Buddhismus. Die herausgehobene Stellung der Mönche (tibetisch: Lama) hat zu der volkstümlichen Bezeichnung „Lamaismus" geführt.

„hinduistische Renaissance":
Löste den Buddhismus in Indien seit ca. dem 8. Jahrhundert mit einer neuerlichen Hinwendung zum Hinduismus zunehmend ab. Der Buddhismus verschwand daraufhin fast gänzlich aus Indien.

Karman:
Bezeichnet die angenommene Tatsache, dass jede physische oder psychische Handlung Folgen hat. Die Gesamtsumme dieser Folgen bestimmt z. B. die Art der Wiedergeburt eines Lebewesens.

Sanskrit:
Klassische Sprache der Brahmanen, die in Indien eine Funktion ausübte, die dem Latein im Westen vergleichbar ist. Gehört zur indogermanischen Sprachfamilie.

Mönchszertifikat:
Vom Staat verliehene Autorisierung, als Mönch tätig sein zu dürfen.

Millenaristische Volksaufstände:
Religiös motivierte Volksaufstände, bei denen ein „neues Zeitalter" eingeläutet werden sollte.

Shintō:
Indigene Religion Japans. Der Kaiser (*tennō*) gilt als Oberhaupt des *shintō*. Im 19. Jahrhundert wurde *shintō* vom Kaiserreich neu strukturiert und zum sog. *Staatsshintō* umorganisiert, der alle Japaner umfassen und den Kaiserkult stützen sollte.

Buddhologie:
Analog zu Theologie für die wissenschaftliche Beschäftigung mit dem Buddhismus.

„Reine-Land-Schule":
Buddhistische Schule, die vor allem auf den Glauben des Einzelnen an den Amitābha-Buddha setzt, welcher seine Anhänger ins „Reine Land" (eine Art Paradies) holen werde, von wo aus sie die Erlösung erlangen können.

13. Schrift und Sprache

Xixia:
Von Tanguten im 10. Jahrhundert gegründeter Staat im Nordwesten des chinesischen Song-Reiches, der von den Mongolen im frühen 13. Jahrhundert unterworfen wurde. Die Xixia benutzten eine an das Bauprinzip der chinesischen angelehnte Schrift.

Han'gŭl:
Indigene koreanische Lautverschriftung, die heute durchgängig zur Verschriftung des Koreanischen verwendet wird.

„chopstick-union":
Ursprünglich spöttisch-abwertender Begriff aus Wirtschaftskreisen, um die mit Stäbchen essenden Kulturnationen zusammenzufassen.

Unicode:
Internationaler Standard für Verschriftung mit genormter Codierung. Unicode war für die computergestützte Verschriftung bahnbrechend.

Schriftzeichen-Kulturkreis:
Angebliche Einheitlichkeit der Kulturen in Ostasien, welche in der Geschichte chinesische Schriftzeichen benutzten.

14. Ostasiatische Kultur

Mahāyāna-Buddhismus:
Die in Ostasien vorherrschende Richtung des Buddhismus, in die neben den klassischen Überlieferungen des indischen Buddhismus zahlreiche später entstandene Vorstellungen sowie Elemente einheimischer Religionen eingeflossen sind.

Lunisolarer Kalender:
In ganz Ostasien verbreiteter Kalender, dessen Ziel die Synchronisation des Sonnen- und des Mondjahres ist. Die Monate haben 29 oder 30 Tage; Schaltmonate sorgen für den Ausgleich zum Sonnenjahr. Ein Jahr umfasst deshalb zwischen 353 und 385 Tage.

Wichtigste chinesische Dynastien:

Shang	ca. 1600-1045 v. Chr.
Zhou	1045-221 v. Chr.
Qin	221-206 v. Chr.
Han	206 v. Chr.-220 n. Chr.
Sui	581-618
Tang	618-907
Song	960-1279
Yuan	1279-1368
Ming	1368-1644
Qing	1644-1912
Republik China	1912-1949
Volksrepublik China	1949-

Wichtigste koreanische Dynastien:

(Vereinigtes) Silla	668-935
Koryŏ	918-1392
Chosŏn	1392-1910
Kolonialzeit	1910-1945
Besatzungsperiode	1945-1948
Republik Südkorea	1948-
Demokratische Volksrepublik Nordkorea	1948-

Index

A

Aden 78
Ahnenkult, Ahnenverehrung 123, 126, 138
Ainu 87
Akupunktur 152
Alessandro Valignano (1539-1606) 18
Alexander der Große 13
Amaterasu (jap. Sonnengöttin) 161
Anime 152, 158, 159
Antarktis 83
Arita 68
ASEAN 74

B

Baktrien 76
Bao Dai (vietn. Kaiser) 41
Bauern 40, 61, 91, 99, 109, 111, 115, 116, 131
Beamte 19, 20, 30, 37, 38, 39, 40, 61, 76, 80, 109, 110, 111, 114, 122, 123, 124, 127, 129, 148
Beamtenprüfung 111, 125, 126, 127
Benshi 157
Bildungsganggesellschaften 108
Bi Sheng (Pi Sheng, 990-1051) 16
Boxer-Rebellion 59
Bronzezeit 35
Buchdruck 16, 135
Buddhismus 10, 31, 32, 38, 76, 77, 81, 83, 114, 115, 123, 126, 127, 132, 133, 134, 135, 136, 137, 138, 139, 140, 149, 150, 153, 154, 158, 159, 160
Bund 58

C

Chang Pogo (Jang Bogo, 787-846) 77, 78
Cheju (Jeju) 80
Chen Maoping (Ch'en Mao-p'ing, 1943-1991) 84
Chiang Kaishek (1887-1975) 41
Chili 154
Chinese Exclusion Act 89
Ch'oe Pu (Choe Bu, 1454-1504) 80
Chŏn Hyerin (Jeon Hyerin, 1934-1965) 84
Cho Ŏm (Jo Eom, 1719-1777) 82
Chosŏn (Joseon, 1392-1910) 38, 39, 66, 91, 126
Christentum 15, 16, 17, 18, 20, 24, 45, 100, 115, 125, 129, 131, 133, 137, 138, 146, 148, 153, 158
Chuch'e (Juche) 42

D

Dejima 18, 69
Demographischer Wandel 118
Deng Xiaoping (1904-1997) 42
Deutschland 9, 10, 21, 44, 51, 58, 71, 72, 83, 84, 86, 91, 93, 106, 112, 132, 140, 152, 157
Dschurdschen (Jurchen) 87, 88
Duale Herrschaft 54, 55, 56, 62

E

East India Company 69
Ein-Kind-Politik 118
Eisenzeit 35
Ennin (794-864) 77
entangled history 13

Erfindungen 15, 16, 17
Essstäbchen 10, 153, 156

F

Familie 25, 27, 33, 39, 55, 61, 62, 66, 68, 78, 108, 111, 117, 118, 121, 126, 130, 148
Faxian (Fa-hsien, 337-ca. 424) 77
Ferghana 76
Fernrohr 19, 82
Frauen 13, 62, 108, 113, 114, 115, 116, 118, 130, 146, 148, 158, 159

G

Gastarbeiter 72
Geisha 159
Gelbe Gefahr 22, 48
Gelber Fluss 35, 87
Ginseng 154
Globalisierung 9, 64, 68, 72, 74, 152, 155, 156, 163
Groß-Ostasiatische Wohlstandszone 71
Guomindang 41, 101

H

Haarzopf 115
Hakkenden 158
Han 13, 14, 29, 36, 37, 38, 39, 76, 86, 87, 144, 160
Han Pi-ya 84
Handwerker 18, 91, 97, 109
Han-Dynastie (209 v. Chr.-220 n. Chr.) 37, 38, 39, 76
Hankou 58
Hanyang 38
Hawaii 89
Hayashi Razan (1582-1657) 128
Hendrik Hamel (1630-1692) 80
heritage studies 92
Herodot 77
Hiroshima 92
Ho Chi Minh 42
Hokkaido 80, 87
Holländer 56, 67, 100
Hong Kong 58, 152, 157
hydraulische Gesellschaften 34
Hyech'o (Hyecho, 704-787) 77

I

Ibn Battuta 87
imperiale Staatsideologie 37
Indien 21, 31, 58, 69, 76, 77, 79, 132, 134, 135, 136, 139, 146, 153, 159
Iran 14

J

Jesuiten 17, 18, 29, 120
Jiang Zemin 42
Jingdezhen 68
Judo 152
Juku (jap. Schule zur Prüfungsvorbereitung) 113

K

Kaesŏng (Gaeseong) 38
Kaifeng 87
Kaiser 27, 29, 36, 37, 39, 40, 41, 46, 56, 61, 66, 76, 78, 110, 123, 161
Kalender 19, 36, 37, 161, 162
Kamakura 39
Kanton (Guangzhou) 20, 21, 57, 58, 69, 100
Karakorum 15
Kasachstan 91
Kaufleute 14, 21, 66, 77, 79, 109, 111
Kimch'i 152, 154
Kim Il-sung 42, 49, 50, 53
Kim Jong-il 42
Kim Jong-un 42
Kirgisistan 91
Klasse 108, 109, 114
Kōbe 58, 70
Koguryŏ (Gogoryeo) 28, 38, 125
Kolonialismus 11, 21, 22, 28, 32, 47, 48, 54, 55, 60, 61, 62, 79, 83, 91, 94, 101, 125, 139, 157
Kolumbus 17
Kompass 16
Konfuzianismus 10, 11, 18, 19, 25, 32, 38, 46, 81, 109, 114, 120, 121,

122, 123, 124, 125, 126, 127, 128, 129, 130, 131, 135, 136, 148, 150
Konfuzius-Institute 130
Konfuzius (Kong Qiu, K'ung Ch'iu) 20, 37, 81, 120, 121, 122, 125, 126, 130, 131
Konzession 54, 57, 58, 101
Koryŏ (Goryeo) (918-1392) 29, 38, 126
Kung-Fu 152
Kurilen 83
Kyŏngju (Gyeongju 38, 98
Kyōto 39, 98
Kyūshū 57, 68

L

Lee Kwan Yew (1923-) 130
Liaodong 58, 59
Los Angeles 92
Lotosfüße 115
Lunyu (Gespräche des Konfuzius) 121

M

Macau 10, 17, 51, 55, 56, 79
Maitreya 161
Makkŏli 154
Malakka 79
Malaysia 88
Malediven 78
Mandarin 39
Mandat des Himmels 36
Mandschu 38, 55, 80
Manga 152, 159
Maotai 154
Mao Zedong (Mao Tse-tung, 1893-1976) 42, 49, 50, 53, 117
Marco Polo (1254-1324) 15, 87
Matsuo Bashō (1644-1694) 81
Matteo Ricci (1552-1610) 18
Meiji-Reformen 21, 53, 83
Meiji-Renovation 40
Menzius (Mengzi, Meng Tzu, 379-289 v. Chr.) 37, 122, 124, 130
Metaphysik 128
Mikronesien 83

Ming-Dynastie (1368-1644) 17, 19, 29, 66, 68, 78, 128
Mission 17, 18, 19, 20, 58, 82, 120, 129, 138, 139, 140, 146
Mogadischu 78
Mongolen 10, 15, 29, 32, 37, 38, 49, 65, 79, 87, 90, 100, 125, 126, 134, 135, 136
Monsun 153
Mulan 158
multiple modernities 20

N

Nagasaki 69, 92, 100
Nassreisanbau 35, 153
Nation 115, 118, 156
Nationalisten 42, 116
Nausicaa (Filmtitel) 158
Ngo Dinh Diem (1901-1963) 41
Ningbo (Ning-po) 80
Nordkorea 28, 42, 43, 49, 52, 62, 73, 92, 93, 94, 147, 155

O

Okinawa (Ryūkyū) 21, 27, 87
Opium(krieg) 20, 21, 30, 31, 44, 46, 58, 69, 70, 89

P

Paekche (Baekje) 38, 125
Paektu-Gebirge (Baekdu) 82
Pak Chŏnghŭi (Bak Jeong-hui, Park Chung-hee, 1917-1979) 41
Partherreich 14, 76
pax mongolica 15, 126
Peking 19, 30, 58, 80, 91, 104, 131
Philippinen 17, 55, 56, 67, 79, 88, 94
Piraten 17, 40, 56, 66, 68, 78, 79, 80
Piraterie 64, 65, 66, 67, 77, 79
Politik der Offenen Tür 54, 59, 71
Port Arthur 59
Portugiesen 17, 18, 55, 56, 67
Porzellan 20, 68, 69
Prüfungssystem 37, 111, 118
P'yŏngyang (Pyeongyang) 125

Q

Qin-Dynastie (221-209 v. Chr.) 76
Qingdao (Tsingtau) 58
Qing-Dynastie (Ch'ing, 1644-1911) 21, 37, 39, 69, 82
Qin Shi Huangdi (Ch'in Shih Huangti) 36, 76

R

Rangaku („Niederländische Studien") 18
Rom 13
Ryūkyū 31, 47, 56, 57, 66

S

Sachalin 83
Sailor Moon (Filmserie) 158
Sake 154
Säkularisierung 129
Samurai 40, 128, 157
Sanguozhi (Buchtitel) 159
Satsuma 57
Schießpulver 16
Schmuggel 19, 69, 73
Schulpflicht 60, 112, 115
Seide 13, 14, 65, 69, 70
Seidenstraße 14, 15, 65, 76, 133
Seoul 7, 38, 98, 102, 103, 104, 106
Shang (auch Yin) 35, 36
Shanghai 57, 58, 70, 101, 102, 104, 106, 157
Shenyang 80
Shiatsu 152
Shiji (Buchtitel) 160
Shintō 128, 138
Shōchū 154
Shōgun 39, 46, 57, 67, 83
Shuihuzhuan (Buchtitel) 158
Siam 88
Silber 17, 65, 67, 68, 69, 89
Silla 38, 77, 90, 125
Sima Qian (Ssŭma Ch'ien, ca. 145-90 v. Chr.) 160
Singapur 130
Sklaverei 89, 115
Sŏdang (kor. Schrifthallen) 112
Sohn des Himmels 36
Soja 153
Soju 154
Song-Dynastie (Sung, 960-1279) 78, 88
Souveränität 45, 56, 59
Spanier 55, 67
Staatskult 123
Stand 108
Südkorea 12, 22, 41, 43, 48, 49, 51, 52, 72, 74, 86, 93, 94, 95, 102, 103, 104, 105, 106, 113, 117, 130, 147, 156, 161
Sui-Dynastie (581-618) 98, 110
Sun Yatsen (Sun Zhongshan, ca. 1866-1925) 41
Surabaya 78
Sushi 152
Syrien 14

T

Taekwondo 152
Taiping-Rebellion 40
Tai-shan (T'ai-shan) 81
Taiwan 10, 21, 31, 32, 40, 41, 43, 47, 48, 51, 55, 56, 60, 61, 62, 67, 69, 71, 72, 84, 87, 88, 101, 103, 113, 119, 140, 147
Tan'gun 161
Taoismus 123
Tarim-Becken 76
Tee 69, 70, 135, 140, 154
Tenjiku Tokubei (1612-ca. 1692) 79
Tennō 27, 37, 39, 46
Terakoya (jap. Tempelschulen) 112
Thailand 79
Tianjin 58
Tibet 10, 82, 134, 136, 137, 139, 140, 145, 146
Tofu 153
Tokugawa Ieyasu 57
Toyotomi Hideyoshi (1537-1598) 32, 56, 79

Transpazifischer Handel 67, 74
Tributbeziehung 26, 32, 57, 66, 67
Tributhandel 64, 65, 66, 67, 74
Trostfrauen 62
Tsushima 66

U
Überseechinesen 89
Uemura Naomi (1941-1984) 84
Ungleiche Verträge 31, 54
Universität 9, 113
USA 22, 51, 57, 59, 71, 72, 73, 90, 92, 155
Usbekistan 91

V
Vereinigte Ostindien-Compagnie 69
Viet Minh 42
Vietnam 10, 26, 27, 32, 37, 40, 41, 42, 49, 50, 51, 58, 72, 93, 94, 99, 112, 135, 137, 139, 146, 147, 150, 155, 160
VOC 55, 69
Volksrepublik China 42, 50, 56, 59, 73, 113, 116, 117, 118

W
Wang Yangming (1472-1529) 127, 128
Weber, Max (1864-1920) 37, 102
Wilhelm von Rubruk (ca. 1215-ca. 1270) 15
Wirtschaftssonderzonen 73

Wittfogel, Karl August (1896-1988) 34
Wŏnhyo (Weonhyo, 617-686) 77

X
Xinjiang (Hsin-chiang) 82
Xiongnu (Hsiungnu) 76
Xiyouji (Buchtitel) 159
Xuanzang (Hsüan-tsang, ca. 596 o. 602-664) 77, 159
Xu Hongzu (Hsü Hung-tsu, 1587-1641) 82
Xunzi (Hsün Tzu) (ca. 300-235 v. Chr.) 122

Y
Yamada Nagamasa (1590-1630) 79
Yangban 40, 111
Yi Hwang (1501-1570) 128
Yi I (1536-1584) 128
Yi Sŭngman (I Seung-man, Rhee Syng-man, 1875-1965) 41
Yokohama 58, 70
Yongle-Kaiser (Yung-lo, reg. 1403-1424) 78

Z
Zhang Qian (Chang Ch'ien, 2. Jahrhundert v. Chr.) 76
Zheng He (Cheng Ho, 1371-1433) 29, 66, 78
Zhou-Dynastie (ca. 1045-256 v. Chr.) 36, 120
Zhu Xi (Chu Hsi, 1130-1200) 124, 126, 127, 128

Autorenverzeichnis

Prof. Dr. Marion Eggert: Professorin für Koreanistik an der Fakultät für Ostasienwissenschaften der Ruhr-Universität Bochum; Schwerpunkte: Literatur- und Geistesgeschichte Koreas, 18.-20. Jh.; koreanisch-chinesische Beziehungen

Prof. Dr. Eckhardt Fuchs, Professor für Historische und Vergleichende Bildungsforschung an der Technischen Universität Braunschweig, stellv. Direktor des Georg-Eckert-Instituts – Leibniz-Institut für internationale Schulbuchforschung, Schwerpunkte: Transnationale Bildungsbeziehungen, Geschichte von Bildungsmedien

Prof. Dr. Gotelind Müller-Saini; Professorin für Sinologie am Zentrum für Ostasienwissenschaften der Universität Heidelberg; Schwerpunkte: Geschichte und Geistesgeschichte Chinas seit dem 19. Jahrhundert; chinesisch-japanische Kulturbeziehungen

Harald Schneider, Studiendirektor i. R., Pfullingen: Schulbuchautor, Schwerpunkte: Neuere Geschichte, Zeitgeschichte

Prof. Hans Woidt, Tübingen; Schulbuchautor, Lehrauftrag an der Universität Tübingen, Schwerpunkte: Neuere Geschichte, Zeitgeschichte

Prof. Dr. Reinhard Zöllner; Professor an der Abteilung für Japanologie und Koreanistik der Universität Bonn; Schwerpunkte: Geschichte Japans und Ostasiens in der Frühen Neuzeit und Neuzeit

Geschichte unterrichten

Markus Furrer, Kurt Messmer (Hrsg.)

Handbuch
Zeitgeschichte im Geschichtsunterricht

ISBN 978-3-89974622-8,
560 S., € 39,80

Subskriptionspreis bis zum
31.3.2014: € 31,80

Aus geschichtsdidaktischer Perspektive ist Zeitgeschichte eine besondere Epoche. Verbindet sich hier doch Historisches mit persönlichen Erfahrungen der Mitlebenden. Die Dringlichkeit der daraus erwachsenden moralischen Fragen sowie der fließende Übergang zum aktuellen politischen Geschehen, stellen hohe Ansprüche an einen zeitgeschichtlichen Geschichtsunterricht.

Das Handbuch zeigt mittels Beiträgen zu Methoden und Medien sowie anhand von Praxisbeispielen auf, wie eine „Didaktik der Zeitgeschichte" hergeleitet, reflektiert und umgesetzt werden kann. Das ist umso notwendiger, als Themen der Zeitgeschichte in den Lehrplänen einen gewichtigen Platz einnehmen. Zudem nährt sich der massenmedial vermittelte Geschichtsboom stark aus zeitgeschichtlichen Fragestellungen. Damit einher gehen geschichtskulturelle Ausprägungen und verlangen ebenfalls nach fachdidaktischen Antworten.

Mit Beiträgen von

Michele Barricelli, Catherine Bosshart-Pfluger, Alexandra Binnenhade, Karin Fuchs, Markus Furrer, Peter Gautschi, Christoph Hamann, Christian Heuer, Thorsten Heese, Stephan Hediger, Jan Hodel, David Luginbühl, Thomas Lux, Kurt Messmer, Hans-Jürgen Pandel, Nadine Ritzer, Monika Rox-Helmer, Hans Utz, Elfriede Windischbauer, Béatrice Ziegler, Sabine Ziegler

www.wochenschau-verlag.de www.facebook.com/wochenschau.verlag @wochenschau-ver

A.-Damaschke-Str. 10, 65 824 Schwalbach/Ts., Tel.: 06196/86065, Fax: 06196/86060, info@wochenschau-verlag.de

WOCHEN SCHAU VERLAG
... ein Begriff für politische Bildung

Standardwerk

Hans-Jürgen Pandel

Geschichtsdidaktik
Eine Theorie für die Praxis

Wie für andere Wissenschaftsdisziplinen ist es auch für die Geschichtsdidaktik ein Gewinn, wenn von Zeit zu Zeit die vielen Einzelforschungen und Diskussionsbeiträge zu einem Thema in einem deutenden Gesamtüberblick zusammengefasst werden.

Mit diesem Band legt Hans-Jürgen Pandel ein solches, für die Geschichtsdidaktik längst überfälliges Werk vor. Sein Band richtet sich sowohl an Studierende, Referendarinnen und Referendare als auch an gestandene Lehrerinnen und Lehrer, die ihre Ausbildung bereits lange abgeschlossen haben. Den Berufsanfängern bietet er einen gelungenen Überblick über die widerstreitenden und strittigen Veröffentlichungen, den „Profis" einen aktuellen Einblick in die geschichtsdidaktische Diskussion aus heutiger Perspektive.

Studienausgabe:
ISBN 978-3-89974670-9,
480 S., € 39,80

Hardcover:
ISBN 978-3-89974801-7,
480 S., € 54,80

Aus dem Inhalt:
Geschichtsdidaktik • Logik der Geschichtswissenschaft • Geschichtsunterricht • Geschichtsbewusstsein • Geschichtskultur • Didaktische Konstruktion – Themen- und Inhaltsbestimmung • Kompetenzen und Standards • Methodik – Grundsätze und Regeln methodischen Handelns • Präsentationsformen – Medien historischen Denkens und Lernens • Arbeitsformen • Sozialformen • Prinzipien • Unterrichtsplanung • Guter Geschichtsunterricht • Forschung • Literatur

www.wochenschau-verlag.de www.facebook.com/wochenschau.verlag @wochenschau-ver

A.-Damaschke-Str. 10, 65 824 Schwalbach/Ts., Tel.: 06196/86065, Fax: 06196/86060, info@wochenschau-verlag.de